八王子の電車とバス

——八王子市制百周年記念——

清　水　正　之

八王子市市制施行60周年記念乗車券（京王）

八王子市市制施行80周年記念オレンジカード（ＪＲ）

市制80周年記念オレンジカード（ＪＲ）。平成８年８月８日付

八高南線開業50周年記念乗車券

八高線電化完成記念オレンジカード。さようなら気動車

八高線電化完成記念オレンジカード。新型車両紹介

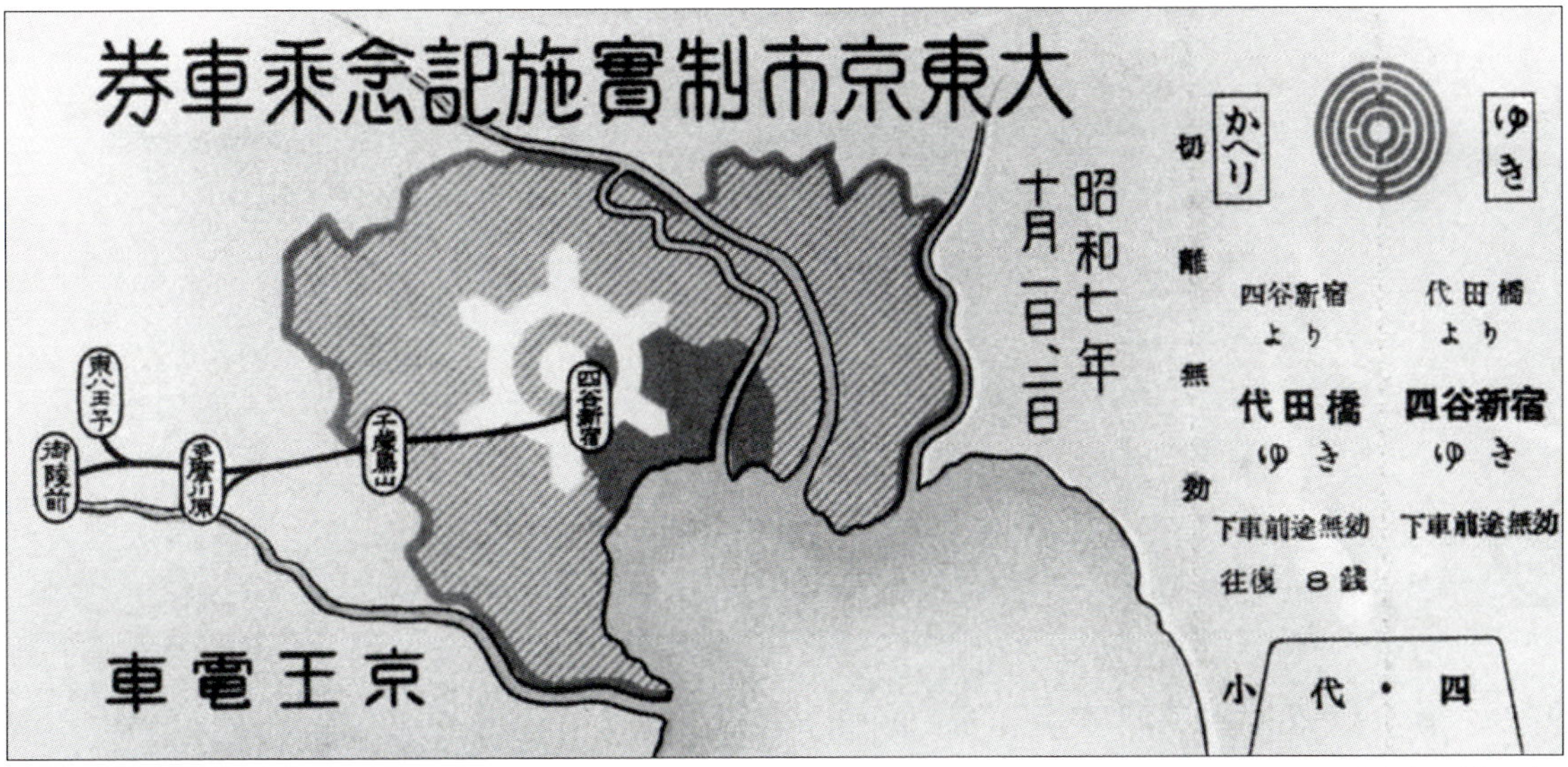

大東京市制実施記念乗車券（京王）

八王子まつり20回記念乗車券（京王）

高尾山ケーブルカー開通記念乗車券

京王線全通50周年記念乗車券

在籍車両500両突破記念乗車券（京王）。13形

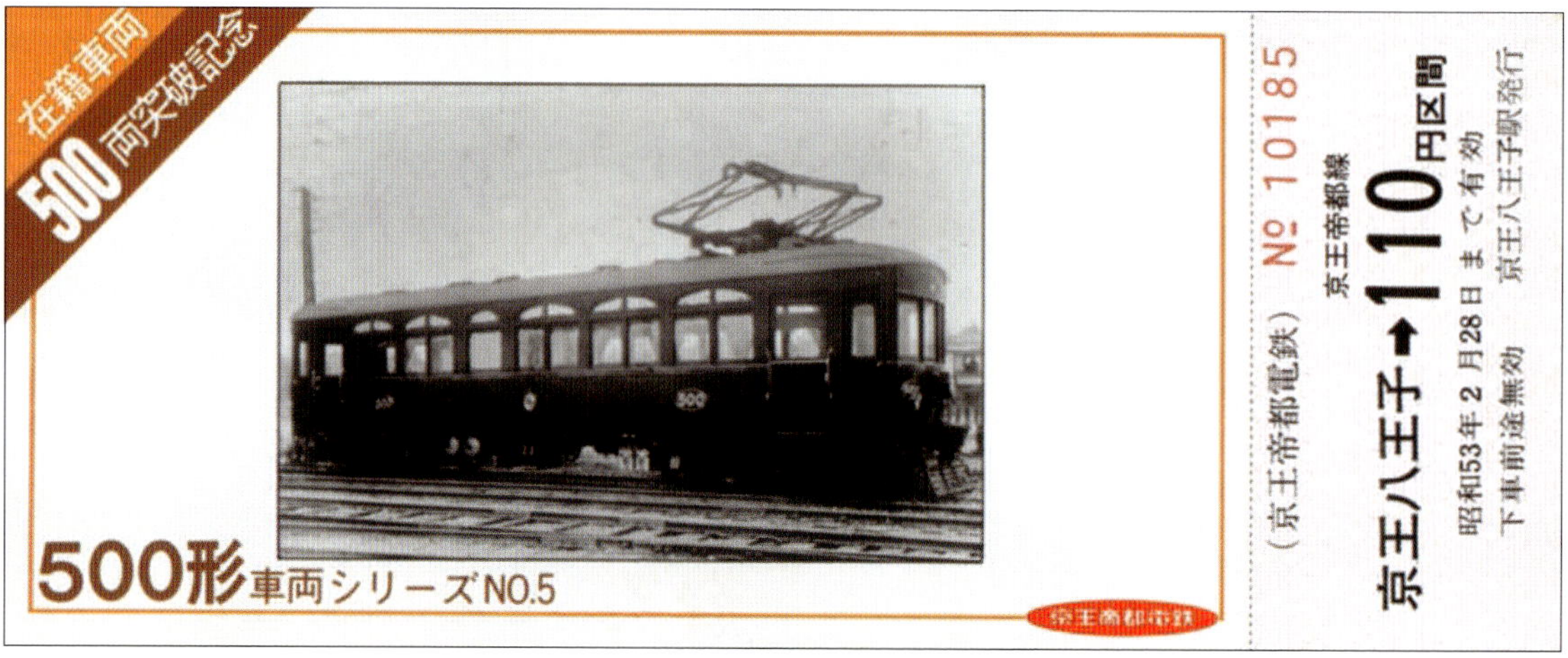

在籍車両500両突破記念乗車券（京王）。500形

在籍車両500両突破記念乗車券（京王）。1000系

在籍車両500両突破記念乗車券（京王）。1250形

2600型車両さよなら記念乗車券（京王）

京王高尾線開通記念乗車券

京王高尾線開通10周年記念乗車券

京王高尾線開通10周年記念乗車券

八王子城跡ハイキングコース
開設記念乗車券（京王）

会社創立30周年記念スタンプ（京王）

会社創立30周年記念スタンプ（京王）

京王八王子駅地下化完成記念入場券

会社創立30周年記念乗車券（京王バス）

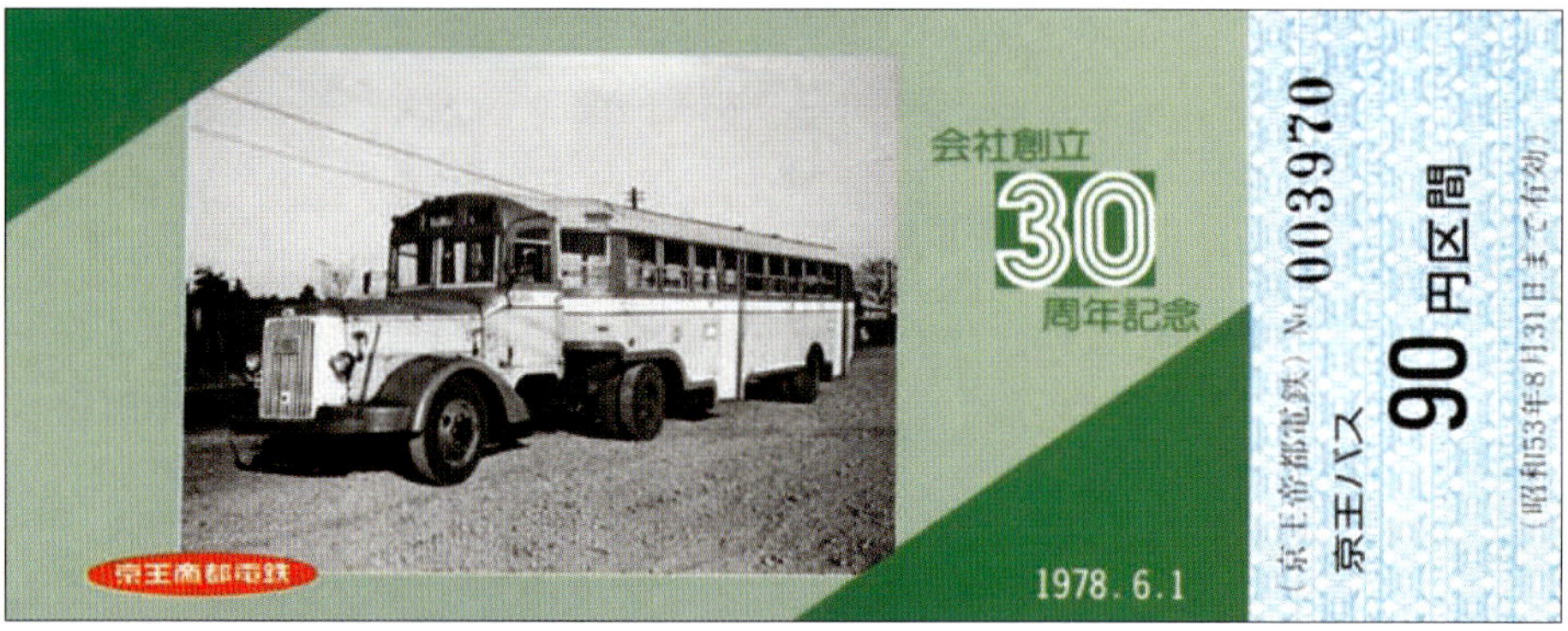

会社創立30周年記念乗車券（京王バス）

創立60周年記念パンフレット（神奈川中央交通）

八王子市制百周年に際し、出版の準備中に
亡くなった夫・清水正之に代わりまして、
この本を発行させていただきます。

清水冨美子

目次

第1章　八王子の電車……5
馬車の時代　6
鉄道の歩み　8
甲武鉄道　10
中央線　12
八王子駅　その1　14
八王子駅　その2　16
八王子機関区　18
西八王子駅　20
高尾駅　21
横浜線　22
片倉駅　24
八王子みなみ野駅　25
八高線　26
北八王子駅　28
小宮駅　29
京王電気軌道　30
玉南電気鉄道　32
御陵線　34
京王高尾線・相模原線　36
東八王子駅　38
京王八王子駅　40
高尾登山電鉄　42
武蔵中央電気鉄道　44
南津電気鉄道　46
多摩都市モノレール　48

第2章　八王子のバス……49
人力車とバス　50
京王バス　52
高尾自動車　54
八王子市街自動車　56
伊奈バス　58
石川自動車　59
八王子中央自動車　60
由木乗合自動車　62
五王自動車　64
西東京バス　66
藤沢自動車　67
神奈川中央交通　68
八王子のタクシー　70
八王子の交通年表……72
清水正之の既刊本……79
あとがき……83

・表紙絵、中扉絵＝岡部一彦
・裏表紙絵＝清水正之

凡　例

・本書は故清水正之が生前、八王子市制百周年に当たる平成29年（２０１７）の出版を目指して準備していた原稿をもとにしています
・残された原稿のほとんどが、清水正之の既刊本『八王子のりもの百年史』（平成元年発行）と『多摩を走ったバス』（平成19年発行）からの再録です
・本書編纂に当たり、原稿の大幅な変更は控え、極力、故人の遺志を尊重するよう心がけました
・結果として、現代からすれば事実関係の異なる点や表現として問題を含む内容も多少見受けられますが、故人の生きた証としてそのままの掲載としました
・本書掲載の写真や図版はすべて故人の撮影・収集したものですが、権利面で問題があると感じられた方は出版社までご連絡いただければ幸いです
・本書に登場する人物のお名前については、便宜上、敬称略とさせていただきました
・本書の一部または全部を無断で複製・転載することはお控えください

第1章

八王子の電車

馬車の時代

乗合馬車と馬車鉄道

いま乗り物（交通機関）としてすぐに挙げられるものといえば、まず電車・バス・タクシー、それに飛行機・船などがある。それからもっと身近な乗り物として、自家用自動車とかオートバイ・自転車等もあろう。

江戸時代までは、物を運ぶのも、旅をするのも、乗り物といえば、陸路では馬か駕籠、水路では船が利用されていた。明治になって文明開化の世になると、近代化の波はいやおうなく押し寄せてきた。

明治期の乗り物に、「乗合馬車」があった。明治5年（1872）頃、浅草～新橋間に走ったのが最初といわれる。

明治10年頃になると、大変な盛況を示すようになり、浅草～新橋～品川を、「トテー・トテー・トテー」とラッパを響かせながらガタ馬車が走った。これがいつか

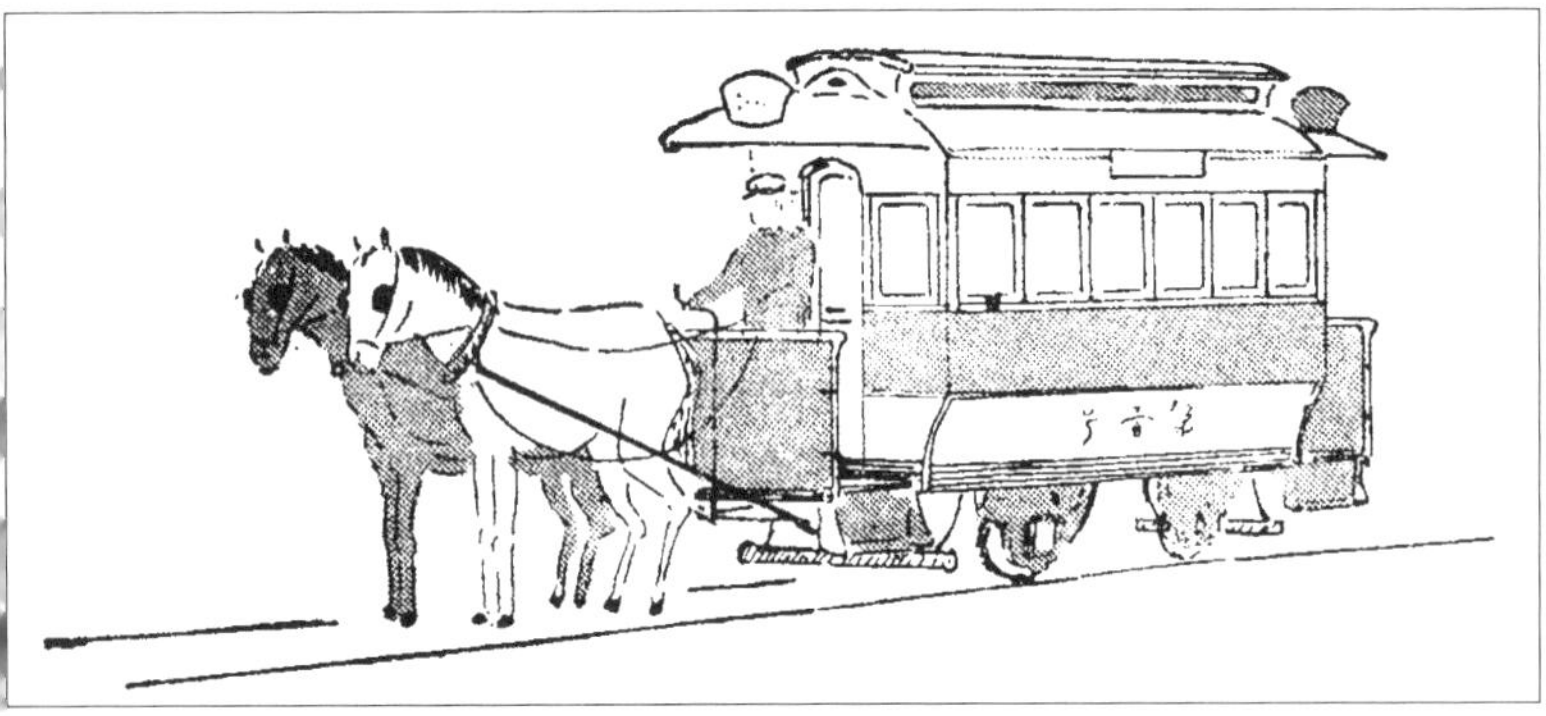

東京馬車鉄道。
上野浅草～品川間を走っていた

トテ馬車が走っていた頃の八王子市役所（八幡町）。大正6年、八王子市制施行の年

「円太郎馬車」という愛称で呼ばれるようになった。しかしこの馬車も、明治15年に東京馬車鉄道が出現すると、姿を消す運命を辿った。

「馬車鉄道」というのは、レールを敷いてその上を乗合馬車が走るもので、人力車や乗合馬車より料金も安く、大勢乗ることができた。文明開化の便利な乗り物として利用者も増えていった。この馬車鉄道も、明治30年代には電車に替わっていく。

東京近辺の馬車鉄道としては、中央線大月駅〜東海道本線御殿場駅間（約55㎞）、甲府駅〜石和駅間（約7㎞）等があった。また三多摩では、青梅と入間川との間（約18㎞）に、明治34年に中武馬車鉄道が開通し、大正6年（1917）まで地元の足として利用されていた。なお、甲武鉄道（後述）も当初は甲武馬車鉄道として計画され、途中から変更して汽車鉄道になったいきさつがある。

ちょっと余談になるが、前述した東京馬車鉄道の軌間は約4尺6寸（1372㎜）で、広軌（1435㎜）とJR線などの軌間（1067㎜）との中間という特殊なものだった。東京都電（荒川線）はそのまま継承し、京王線や都営新宿線も同じ軌間を採用している。

八王子の馬車屋

八王子にも明治13年頃、「田島軒」という馬車屋が開業し、八王子〜神田鎌倉河岸間を毎日6往復したという。甲州街道筋の日野・府中・布田五宿・高井戸・新宿等の宿場は馬車の停留所となっていた。このあと「商盛社」という馬車屋もでき、八王子〜日本橋本石町間を10人乗りの乗合馬車が1日2往復した。所要時間は片道4時間半だったという。

また明治30年頃、西多摩郡五日市村の石川重兵衛が川口村今熊山下から八王子の本郷横丁の立場まで乗合馬車を始めた。6人乗りの一頭立て馬車で、馭者（運転士）と別当（車掌）が付き、別当が〝トテー・トテー〟とラッパを吹きならすところから「トテ馬車」と呼ばれた。

このトテ馬車は大正10年まで続けられたが、その年、重兵衛の子虎一郎に経営が継がれると、八王子〜五日市間の交通は、乗合自動車に新しく生まれ変わることになる。

鉄道の歩み

私鉄建設ブーム

明治5年（1872）、新橋～横浜間18マイルの鉄道は、日本で最初の官営鉄道として開業した。そして明治7年には、大阪でも大阪～神戸間の官営鉄道が開通した。しかし政府は、財政難からその後の鉄道建設を進められず、民間資本を活用しての鉄道敷設に方針を変えた。

明治14年、わが国最初の私鉄である日本鉄道が発足。政府の手厚い保護をうけながら、明治16年には上野～熊谷間を、翌年には高崎までを開業している。その後、大宮から仙台を経て青森に至る本線の建設に着手し、明治24年に東京～青森間が完成した。また、品川～赤羽間（新宿経由）、田端～池袋間なども建設し、日本最大の私鉄となった。一方、大阪では明治17年、阪堺鉄道（のち南海鉄道）が設立され、営業を開始している。

明治の企業家たちは争って鉄道会社を設立し、日本全国に私鉄ブームをまきおこした。明治24年には官営鉄道885kmに対して、民営鉄道は1875kmに達している。特に日清戦争（明治27～28年）後は、電気軌道が新たに登場、民営鉄道の建設が益々盛んになっていった。

しかし、こうした私鉄の乱立を前に政府は、日清・日露両戦争の経験などから、軍事的・経済的に統一的に運営する必要性に迫られた。そして明治39年に鉄道国有法が公布された。これにより、〝一地方の交通を目的とする鉄道〟以外はすべて国有となった。日本鉄道・山陽鉄道など、主要民営鉄道17社が国に買収されたが、三多摩地区では明治20年代の私鉄ブームによって開通した甲武鉄道・川越鉄道・青梅鉄道などのうち、唯一、甲武鉄道が国有化されたのみだった。

多摩地区の鉄道と戦争

このような私鉄ブームの一方で、国による鉄道建設も少しずつ進められていた。明治34年、山梨方面から八王子に路線を延ばしてきた中央線もその一つである。

多摩地区の私鉄では、横浜鉄道（明治41年）、京王電

年代別鉄道開業図

明治26年頃の東日本の鉄道路線

気軌道（大正2年）、多摩鉄道（大正6年）等が開通している。第1次世界大戦、関東大震災を経て、大正14年に玉南電気鉄道と五日市鉄道が開通した。昭和に入って、同2年に小田原急行鉄道と南武鉄道、4年には武蔵中央電気鉄道、8年には帝都電鉄がそれぞれ開通している。

日中戦争から太平洋戦争へと世情が緊迫していくなか、企業統制が強化され、昭和13年（1938）、陸上交通事業調整法が施行された。東京近郊の私鉄は4つのブロックに調整されることになり、多摩地区を含む中央線以南の地域にある京王電気軌道・小田急電鉄・東横電鉄・京浜電鉄の4社は合併して東京急行電鉄となった。

太平洋戦争が終結すると、東急から京王・小田急・京浜の各社が分離独立し、東京地区では、上記4社に、東武・西武・京成を加えて、私鉄大手7社が出来上がった。

一方、新線建設と買収を繰り返しながら巨大化した国有鉄道は、鉄道省の直轄（「省線」等と呼ばれた）だったが、昭和24年、公共事業体「日本国有鉄道」として発足、昭和62年に民営化されてJRとなった。

甲武鉄道

建設に至るまで

いま「甲武鉄道」といっても、その名を知る人は少ないかもしれない。明治時代における甲武鉄道の開通は、八王子町をはじめとする沿線の町村と東京との、経済、産業、文化の交流を促進し、その後の三多摩地域の発展に計り知れない大きな影響と役割を果たした。

徳川幕府は江戸に政治の拠点を定め、東海道・中山道・日光街道・奥州街道・甲州街道の五街道をつくって、地方との交通路を整えた。甲州街道の宿駅に当たる八王子をはじめ、周辺の五日市・青梅などは交通上の要地だったため、江戸時代から農産物・林産物・生糸・織物などの集散地となっていた。明治時代に入ると、奥多摩地方から産出する石灰石の輸送について検討が始められた。甲武鉄道は物資輸送の問題が発端となって計画された鉄道だが、開通に至るまでには多くの紆余曲折があった。

明治16年（1883）頃、東京付近の有志が内藤新宿から羽村まで、玉川上水の堤を利用して馬車鉄道の建設を計画したが、許可されなかった。明治17年、有志らが甲武馬車鉄道の建設を東京・神奈川・埼玉の3知事に出願した。内容は、第1期工事として新宿から青梅街道と甲州街道の中間にある和田・堀ノ内を経て福生・羽村に至る区間、第2期工事として立川付近の砂川から八王子に至る区間に鉄道を敷設するというものだった。

しかし、翌18年にはこの出願を撤回、内藤新宿から上保谷新田を経て八王子に至り、漸次、甲府および青梅に延長する計画とした。さらに、馬車ではなく、動力を蒸気とする汽車鉄道として明治19年12月、改めて出願し直した。結果、明治21年3月に正式に免許が下りた。社名は「甲武鉄道」となった。

きらわれた鉄道

新しい路線が、人口の集中している甲州街道や青梅街道に沿って計画されるのは当然だった。終点の八王子町は三多摩で最大の町で、人口は約2万人を数え、甲州街道の要所として、また織物の集散地として栄えていた。

ところが、甲州街道筋の高井戸・調布・府中付近の住民や青梅街道筋の田無付近の住民たちは、この新しい文明の利器を毛嫌いして、一致団結、これをはるか遠方に追い払うべく懸命に立ち上がったのである。

「鉄道が開通すれば、宿屋や人力車はあがったりになる」「野菜や桑は汽車の煙で育たないだろう」等と近在の人々は噂し、新しい鉄道敷設などまっぴらお断りという不穏な気風がみなぎっていた。一方で、境・立川・砂川の地主を中心に積極的に鉄道誘致の動きがあり、甲武鉄道は甲州・青梅両街道から大きく外れた雑木林のなかに鉄路を敷き、どうにか初期の目標を達成した。

工事は明治21年7月に着手され、翌22年3月に新宿〜立川間が竣工、4月11日から営業を開始した。立川〜八王子間は多摩川鉄橋の工事に手間取ったものの、同年7月に完成、浅川鉄橋も仕上がり、8月11日から営業が始まった。これにより新宿〜八王子間が全通となった。

甲武鉄道開通によって、乗合馬車の走る甲州・青梅街道筋は活気を失い、鉄道沿線は日に日に発展していった。

甲武鉄道の蒸気機関車。「はちわうじ」駅構内にて（明治40年頃）

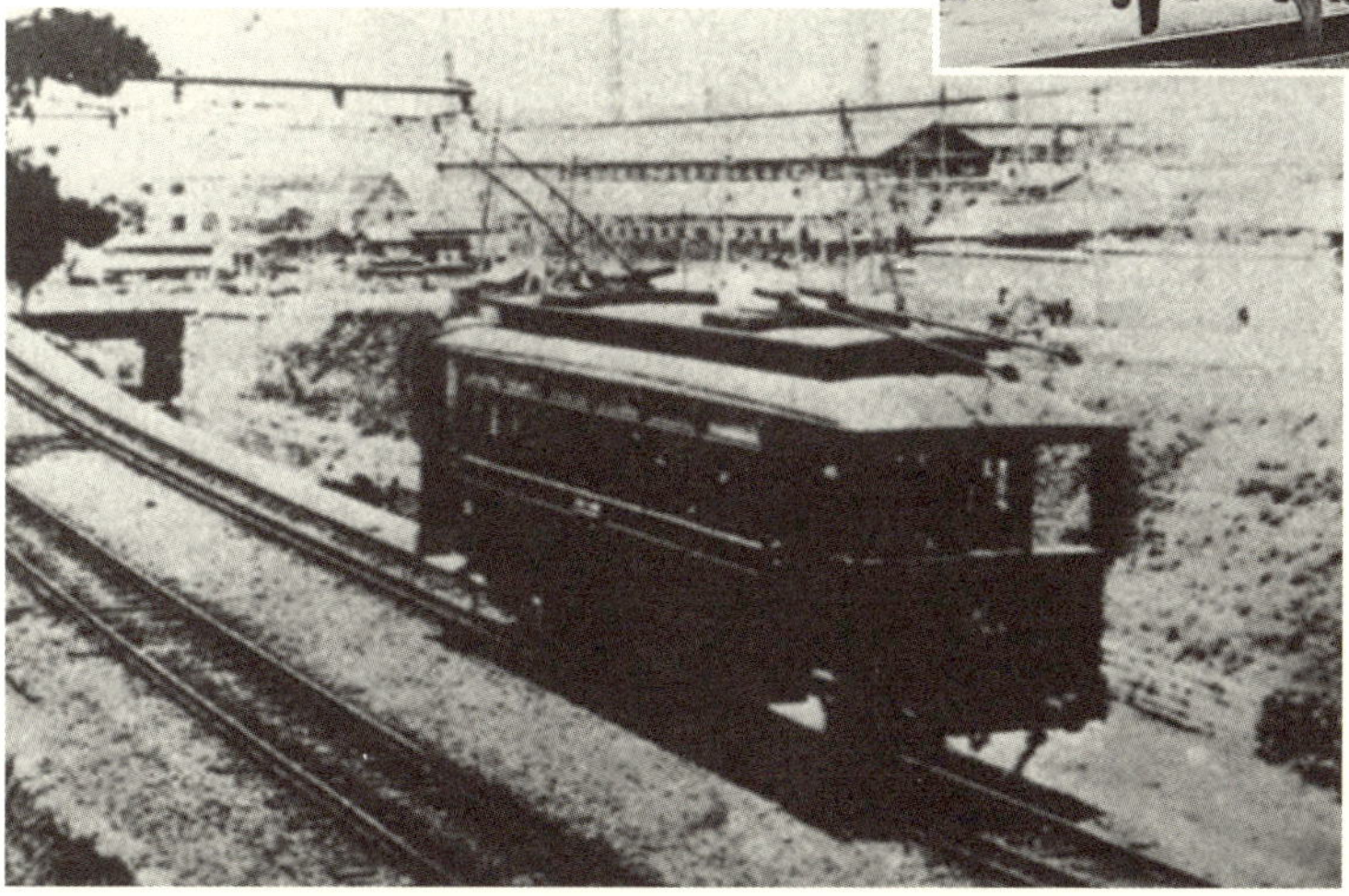
甲武鉄道の電車

中央線

生い立ち

明治25年（1892）、鉄道敷設法が公布され、国の手による鉄道建設（官営）が進められた。八王子市民になじみの深い中央線も、その一つである。

当時の軍部は、沿海線路である東海道幹線の他に、国防上からも本州の中央部に一幹線が必要だとかねてから唱えていた。中央線は、東京と名古屋を、内陸部を経て結ぶ幹線鉄道として計画されたものだった。

工事は、八王子～名古屋間を二区に分け、八王子～宮ノ越間を中央東線、宮ノ越～名古屋間を中央西線とし、東線は明治29年4月に、八王子の寺町にある長心寺下に工事の八王子出張所が設けられ、同年12月にはまず笹子トンネルから着工した。

八王子～甲府間はトンネルが42か所もある路線で、なかでも笹子トンネル（4656m）と小仏トンネル

工事中の小仏トンネル東口。
明治33年に竣工

明治34年の中央線八土子
停車場。甲武鉄道と連結

(2574m)という難工事があった。しかし、その小仏トンネルも明治34年8月に竣工、笹子トンネルも35年11月に完成した。

明治34年8月1日、中央線の八王子~上野原間が開通した。八王子以西に敷設された官営の中央線と、新宿~八王子間を既に開通していた私鉄の甲武鉄道とを、八王子で接続することが決定していたため、この日、新しい八王子駅が元子安(明神町)から400mほど西南にあたる中央線の新設駅(現在地よりやや西寄り)へと移転し、共同駅となった。

八王子駅開業前の明治30年4月に、八王子に大火があった。この大火後は新しい八王子建設の意図もあって都市計画が練られ、移転が予定されていた駅周辺の整備も進められていた。

八王子駅が開業し、乗客や貨物を取り扱うようになると、駅から甲州街道に通ずる停車場前通りが桑畑の中に新設された。旅館・飲食店・運送店などが相次いで移転開業し、ちょっとした開拓気分がみなぎっていた。停車場通り筋には、角喜旅館・丸通・内国通運・松静社・中牛馬運送店・丸川川辺運送店・吉田屋旅館等が建ち並び、駅弁の玉川亭が商売を始めたのもこの頃である。また、停車場人力車組合の人力車が客待ちをして、多くの人々に愛用された。

甲武線が中央線に

明治39年3月、鉄道国有法が公布され、その年の10月には、甲武鉄道は他の私鉄16社とともに政府に買い上げとなり、国有化された。このときから、八王子以東の甲武線は中央線と呼ばれるようになった。

この中央線一本化を記念して、八王子町では時事新報社主催による汽車博覧会が開かれ、汽車を総覧させ、会場には三越・高島屋などが売店を開いた。このとき初めて懐中電灯が売り出され、人々から珍しがられたという文明開化の一コマが語られている。

明治44年5月、当時の始発駅だった飯田町~名古屋間の直通運転が開始された。そして大正8年(1919)、中央線の起点は東京駅へと移った。このときようやく現在の中央線のかたちに落ち着いたのである。

八王子駅　その1

甲武鉄道の終着駅

八王子駅は明治22年（1889）8月11日、甲武鉄道の八王子停車場として開設された。当時の駅の位置は、かつて八王子町元子安といわれ、現在は明神町3丁目となっている都立繊維工業試験場跡地付近で、その先端は、八王子保健所からさらに西まで延びていた。

開業時、汽車は八王子～新宿間を1日4往復、片道1時間15分位で運転され、うち1往復は新橋まで直通運転された。

一方、中央線は西の方から国によって建設が進められていたが、明治34年8月、八王子～上野原間が開通した。この中央線の新しい八王子駅に接続をはかるため、甲武鉄道八王子駅は元子安から子安（今の旭町・現在の八王子駅よりやや西寄り）へ移転し、両線の共同駅として発足した。駅舎は洋風の瀟洒な木造かわらぶきの建物だった。

明治36年には八王子～甲府間が全通したが、この年、八王子機関庫が総員54名、蒸気機関車5両をもって開設された。明治39年10月1日、甲武鉄道は国有化されて中央線となった。中央線一本化を記念して、時事新報社主催の汽車博覧会が催され、大変な賑わいをみせたという。その2年後の明治41年9月、横浜鉄道の八王子～東神奈川間が開業した。この横浜鉄道も、八王子が市制をしいた大正6年（1917）には国有化された。

昭和に入って同5年12月、立川～浅川間が電化されて、電車の運転が開始された。またこの年、八王子駅は名古屋鉄道局の管轄から東京鉄道局に移管となった。翌6年、八高南線八王子～東飯能間が開通し（昭和9年に高崎まで全通）、多摩地区と秩父北関東方面との交通の便がひらけた。

昭和13年（1938）8月には、八王子駅の大改築によって新駅舎が完成した。跨線橋の階段はスロープにかえられたが、これは全国的にも大変珍しい試みであった。また翌14年には八王子～浅川間の複線化が行われ、

大正末頃の八王子駅前。乗合自動車と人力車、公衆電話が見える

昭和13年に新装された八王子駅

お隣りには西八王子駅が誕生した。

八王子空襲

やがて戦時体制への移行とともに、八王子駅は物資・人員両面の多摩地区輸送の中枢基地として、ますます重要な役割を担っていった。

太平洋戦争下の昭和20年（1945）8月2日未明、八王子市は米軍機B29の大空襲をうけ、市街地の大部分を焼失した。八王子駅も駅舎を全焼し、小沢助役以下5名の殉職者と6名の重傷者を出した。駅の本屋をはじめ、多くの付属施設も焼失し、中央・横浜・八高の各線とも不通となった。

当日の八王子駅の記録によると、「当夜、状勢険悪という憲兵隊からの通報によって、富澤駅長以下駅員総出で各部所についていたが、市街地へはじまった焼夷弾の投下が、十二時過ぎ駅構内に相次いで落下され、全員で必死の消火作業を行ったが、火勢が猛烈で如何ともしがたく遂に全焼した（抜粋）」と記されている。駅舎だけでなく、構内にあった大量の貨車も焼失した。

八王子駅　その2

いのはなトンネル銃撃

空襲により、建物・貨車などを焼失したわりには線路の損傷は少なく、本線に支障がなかったため、翌３日から直ちに運転が再開された。さらに４日には、八王子以東における旅客の取り扱いも始められた。輸送回復が意外と早かったのは、機関区と検車区が爆撃をまぬがれたことと、電車区が他地区（三鷹・中野）にあったためである。

八王子駅と直接の関係はないものの、八王子では八王子空襲に次ぐ悲劇のため、いのはなトンネル銃撃事件について少し記しておく。空襲から数日経った8月5日、中央線浅川駅（現高尾駅）と小仏トンネルの間にあるいのはなトンネルの入り口で、新宿発長野行４１９列車が米陸軍戦闘機Ｐ51の銃撃を受けた。死者52名以上、負傷者１３０名以上という多くの犠牲者を出した。

昭和20年８月、空襲で焼失した八王子駅

昭和58年、そごうデパートオープン時の八王子駅

目まぐるしい発展

戦後間もない昭和24年（１９４９）４月、市民の待望久しかった八王子駅南口が開設された。また同年6月１日には、公共企業体「日本国有鉄道公社」が発足し、この日から国鉄八王子駅と呼ばれるようになった。

近代都市建設を目標とする戦災復興計画に沿って、昭和27年4月、八王子駅は新駅舎の完成とともに１５０ｍほど東に移設（旭町の現在地）、開業した。その後、北口広場は整備されてバスロータリーとなり、「織物の八王子」を表象する塔が噴水池の中に建てられ、人目を引いた。

昭和41年12月、特急「あずさ」が運転を開始する。つづいて翌42年7月には、東京～高尾間に特別快速電車（通称特快）の運転が始められた。また、昭和45年10月には、八高線八王子～高麗川に「さよならＳＬ号」が走り、以来、八高線はディーゼル車によって運行されるようになった。

「八王子ターミナルビル《ナウ》」が昭和58年11月１日にオープン。多摩地区の文化・産業の中核都市として、また全国随一の学園都市として発展をつづける八王子市の表玄関にふさわしい施設が完成したのだった。工期約2年、総工費約１７０億円をかけて建設された地上11階（11階は屋上）、地下1階、総床面積約7万3千㎡の駅ビルで、駅施設のほか、百貨店のそごうと専門店が入居、その他にコミュニティ施設が併設された。平成24年（２０１２）のそごう撤退後は、ＪＲ東日本のグループ会社が運営する「セレオ八王子」が入った。

八王子駅には、鉄道業務機関区として、車掌区・保線区・建築区・工事区・構造物検査センター・機械区・電力区・信号通信区・要員機動センター支所等が置かれている。旅客だけでなく、貨物も取り扱い、特急・急行の停車駅でもあり、東京西部における中心的な駅として重きをなしている。なお、八王子機関区は日本貨物鉄道の所属となったのち、廃止された（後述）。

八王子駅は平成元年（１９８９）、満百年を迎えた。明治・大正・昭和、そして平成と、確かな歩みを刻みながら、これからも八王子の発展に大きな役割を果たしていくだろう。

八王子機関区

成り立ち

八王子地区にはいくつかの鉄道業務機関があるが、国鉄八王子機関区は長い伝統と規模の面から、ひときわ目立つ存在だった。

明治36年（1903）6月、甲武鉄道八王子機関庫として、総員54名、蒸気機関車5両をもって発足したのがはじまりである。そして3年後の明治39年に、甲武鉄道は国に買収されている。

昭和5年（1930）、立川～浅川間の電車運転が開始され、昭和7年には八王子機関庫は飯田町～八王子間の旅客および貨物列車の運転を担当するようになり、翌8年、同区間の本線仕業を担当していた飯田町機関庫が八王子機関庫飯田町分庫となった。昭和11年9月には八王子機関庫を八王子機関区と改称。さらに昭和19年4月、青梅鉄道および南武鉄道（五日市線含む）の国による買収の結果、武蔵五日市機関支区、西国立機関支区ができ、八王子機関区はこの二支区をもつ大機関区となった。

民営化後

その後、電化の推進、気動車の運転等によって輸送形態も変化を遂げつつあったが、昭和62年4月の国鉄改革による民営鉄道の発足は、八王子機関区を大きく変えたといえる。

八王子機関区は日本貨物鉄道と東日本旅客鉄道に二分割された。日本貨物鉄道関東支社所属となった八王子機関区は、中央・八高・横浜・南武各線の貨物輸送を主業務とし、JR東日本の依頼による団体臨時列車の輸送も行っていたが、平成20年（2008）に廃止された。

また国鉄時代、八王子機関区が担当していた八高線の旅客輸送部門は、JR東日本が発足した際、立川機関区・青梅電車区と八王子機関区の一部が合体してできた拝島運転区の所属となった。

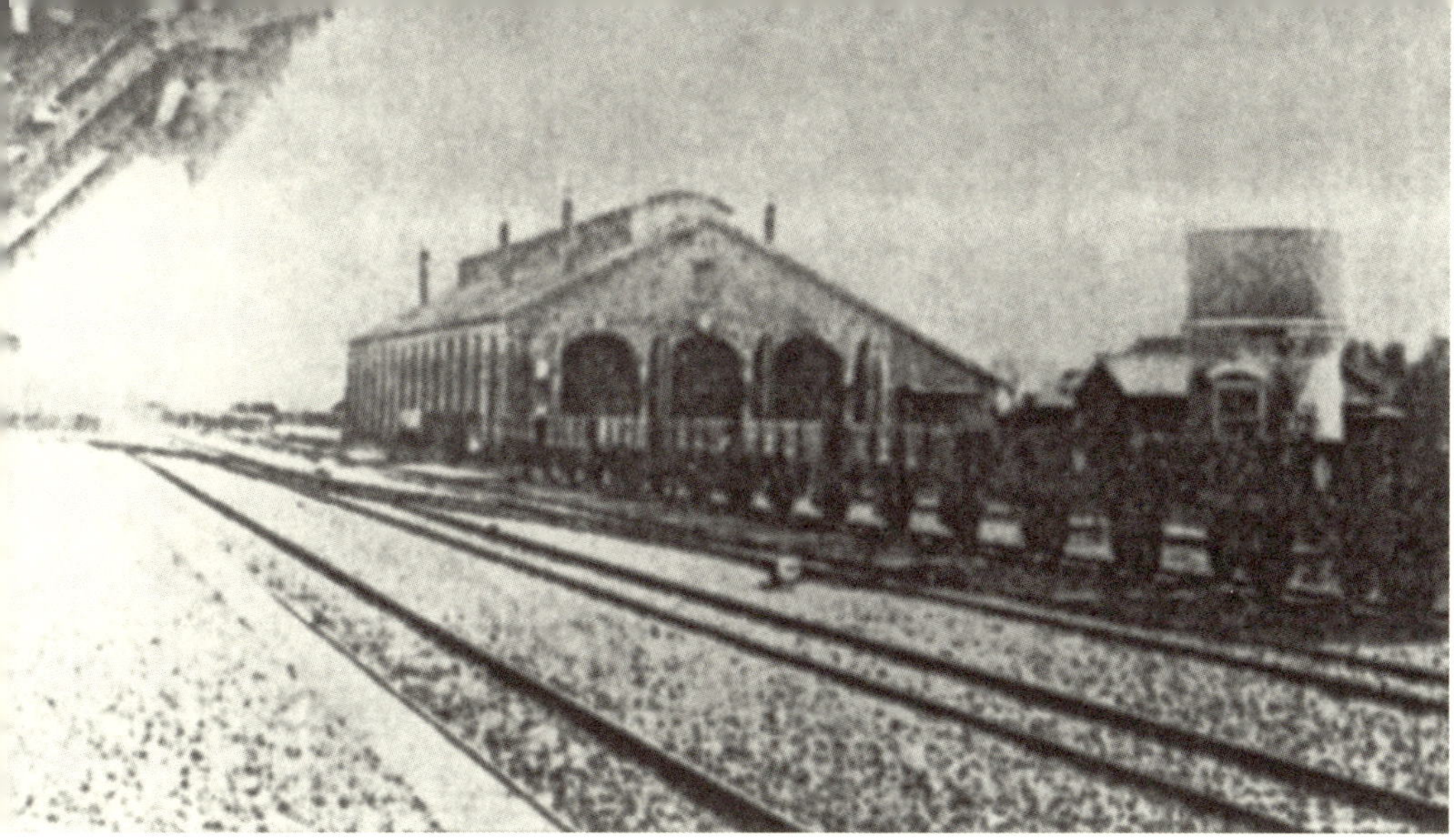

明治36年の八王子機関庫。昭和11年から機関区と改称

八王子機関区で出番を待つ蒸気機関車（昭和28年頃）

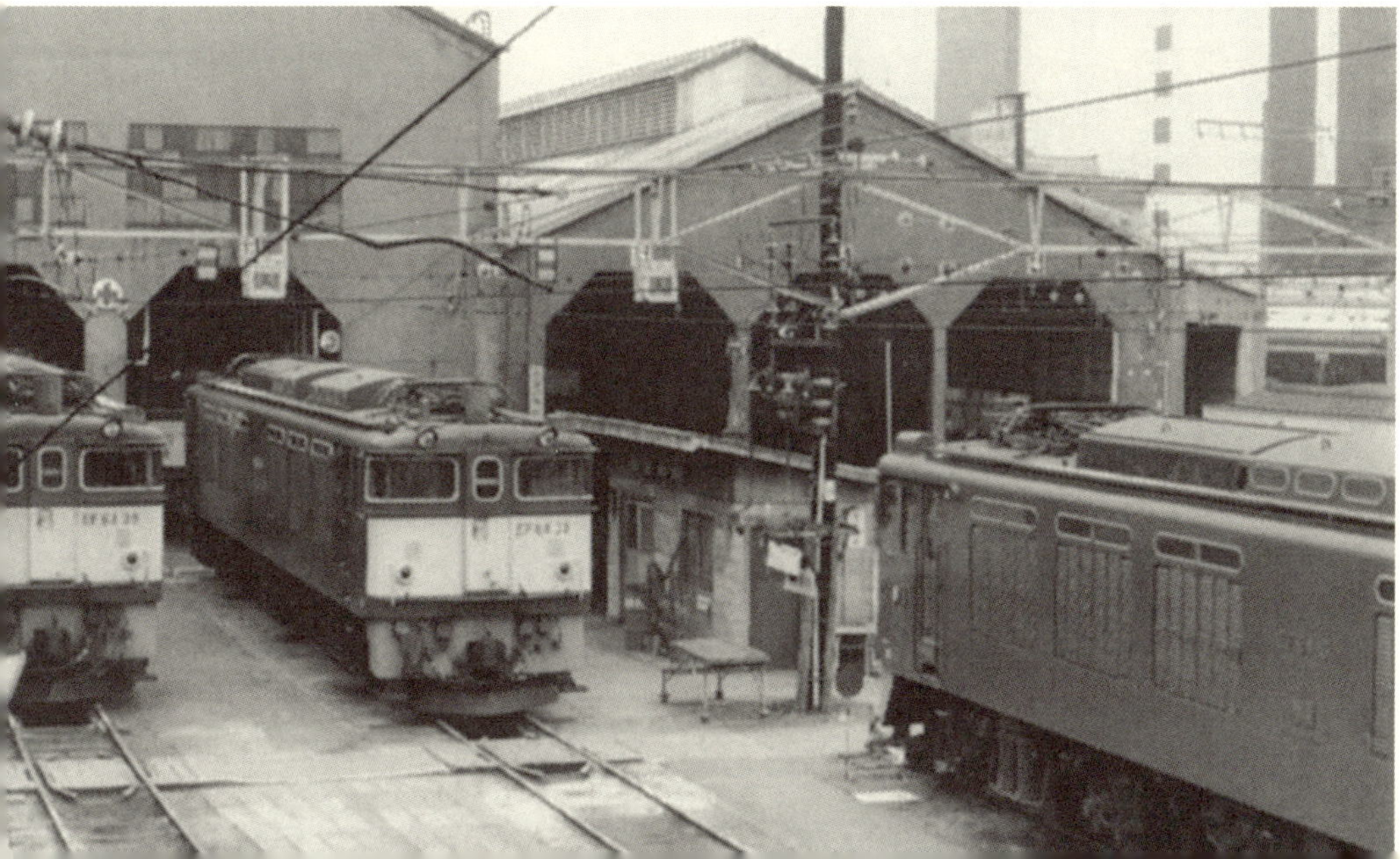

昭和の終わり頃の機関区。現在、建物はない

西八王子駅

学生利用が多い

西八王子駅は昭和14年（1939）4月に、中央線八王子〜浅川間を複線化したときに開設された駅である。

千人町2丁目に位置する。

開設時は北口のみだった。乗降客も少なかったが、現在では駅周辺にいくつもの高校を控えていて、学生の利用が多い。また、付近は住宅地として目覚ましい発展をつづけている。都心へ向かう通勤客も増えている。「ニシハチ」と呼称されるのが一般的。

もともと木造平屋建ての風情ある駅舎だったが、昭和53年に橋上駅に改装された。

駅南側には駅前広場も開設され、めじろ台などへのバスも乗り入れている。駅の平均乗車人数は、平成27年（2015）では1日3万人強。

昭和47年、木造平屋の西八王子駅とロータリー

高尾駅

中央線の西の始発駅

明治34年（1901）8月1日、中央線開通とともに浅川駅として開設された、八王子駅に次ぐ古い駅である。昭和34年（1959）4月に浅川町が八王子市に合併し、駅所在地が浅川町から高尾町と改称された。また、近くに関東の霊山高尾山を擁しているところから、昭和36年3月に駅名を高尾駅とした。

中央線の西の始発駅であり、昭和42年には京王高尾線が乗り入れて、通勤者には大変便利となった。周辺では住宅や大型施設の建設が増えている。北側の元八王子町周辺には多数の霊園があり、四季を通じて墓参客が訪れている。八王子城も人気が高い。大正天皇や昭和天皇が眠る多摩御陵の最寄り駅でもあり、多数の参拝客が当駅を利用している。1日の平均乗車人数は、JRと京王合わせて、平成27年（2015）では約4万3千人。

昭和５年頃の浅川駅。駅舎は大正天皇大喪の際の
新宿御苑仮停車場を移築

横浜線

鉄道版シルクロード

横浜線は、私鉄の横浜鉄道が八王子～東神奈川間42・6kmを、明治41年（１９０８）９月23日に開業したのがはじまりである。

幕末から明治にかけ、八王子は長野・山梨や北関東・秩父地方から産出する生糸・絹織物を筆頭に、薪炭・木材等の物資の集散地だった。生糸や絹織物はわが国の主要な輸出品として、いまの片倉駅の南から大塚山を経て由木の鑓水へ出て、さらに南の町田市小山にぬける、いわゆる絹の道（シルクロード）を通って横浜港に運ばれていた。日数をかけて、山を越え、川を越え、荷車や荷馬車で運ぶか、はるか東京を迂回して、すなわち甲武線と東海道線を使って運ぶしかなかった。

そこで、早くから八王子～横浜間に鉄道を敷設する計画が考えられていた。明治27年、原善三郎ほか12名の発

八王子～片倉間を走る
クモハ60形の横浜線
（昭和38年）

オールステンレスカー
の横浜線（平成元年）

起人が横浜鉄道発起認可願を出したが却下。その後二度も出願したが、これまた却下されてしまう。理由は、この間の鉄道は官設で行うからというものだった。その後も出願・却下が繰り返されたが、明治35年3月、渡辺福三郎ほか39名の提出になる認可願がようやく認められたのである。

工事は明治39年6月に着手され、線路は横浜市神奈川町官設停車場付近から田奈村・南村を通り、原町田・忠生村・堺村・由井村を経て中央線八王子駅に達する区間で、明治41年8月に竣工した。

開業したのは明治41年9月23日で、産業路線として中央・東海道両線の連絡鉄道として発足をみた。明治43年4月から鉄道院（官営）に鉄道施設の一切を貸与して運営していたが、早くも大正6年（１９１７）10月1日には国有線系統の重要な一部をなすものとして国に買い上げとなった。

沿線は昔から養蚕が盛んで、広い原っぱと小高い丘のつづく相模野と多摩丘陵の山裾を、白い煙をたなびかせて蒸気機関車が走り抜けていた。

昭和の激動期を駆け抜けて

昭和39年（１９６４）10月1日、東海道新幹線の開通と同時に新横浜駅が新設された。また、小田急線町田駅と６００ｍほど離れ、乗り換えが不便だった原町田駅が、昭和55年（１９８０）４月に新装移設し、駅名も町田駅と改められた。

長い間、赤字路線といわれた横浜線も、近年における沿線の目覚ましい発展によって活気を呈し、首都圏の重要な通勤路線として大きく姿をかえている。いまでは黒字の十指に数えられる優良路線である。

昭和63年3月6日、横浜線の最後の単線区間、八王子〜相原間の複線工事が完了した。同時に、片倉町の只沼トンネルから打越町の京王日向前踏切までの約１・７kmの高架化工事が行われ、国道16号線の片倉踏切が立体交差になった。片倉駅も約80m西側に移動、高架駅となった。ニュータウンの開発に伴い、片倉駅の隣に八王子みなみ野駅も開設され、誕生から１００年以上を経過した横浜線は進化しつづけている。

片倉駅

最初は信号所

この駅の出発は昭和17年（1942）の片倉信号所設置であるが、付近の開発によって住宅も増え、昭和32年12月28日から片倉駅として旅客営業を開始した。

昭和63年3月には横浜線高架化工事が竣工して、片倉駅は高架駅として生まれ変わり、西側では国道16号線との立体交差が実現した。また、同時期に駅北側で区画整理事業も進められ、広いロータリーが完成している。お隣に八王子みなみ野駅ができるまで、長らく八王子市内にある唯一の横浜線の駅だった。

1日の平均乗車人数は、平成27年（2015）では約5千人。近くには片倉城跡公園があり、カタクリの群生地として有名である。なお、16号を徒歩で10分ほど北上したところに、京王高尾線の京王片倉駅がある。

高架化された直後の片倉駅

八王子みなみ野駅

市内で一番新しい駅

八王子みなみ野シティ開発に伴い設置された、八王子市内でもっとも新しい駅である（モノレール除く）。開設は平成9年（1997）4月1日。平成27年における1日の平均乗車人数は、約1万8千人となっている。

もともとは地域の名前を取って、宇津貫駅と仮称されていた。その頃に発売された市販の地図でも「宇津貫駅（仮）」となっているものがある。ちなみに宇津貫町は、八王子みなみ野シティの開発後、みなみ野・兵衛・七国の新町名に分けられた。

駅が完成した当初は、周辺にある東京工科大学や日本工学院八王子専門学校等の学生利用がほとんどだったが、宅地開発によって人口が増加し、さらに周辺地区へのバス路線が開かれたことにより利用者は飛躍的に増加した。

ニュータウンにふさわしいモダンな八王子みなみ野駅

八高線

八高線と呼ばれるまで

八高線は中央線（八王子以東）・横浜線（横浜鉄道）と違って、最初から国有鉄道として建設された鉄道である。上越地方の物資を、東京市内を経由しないで東海道方面に運ぶ目的でつくられた路線で、高崎線・東海道線の支線ともいうべき性格をもった鉄道である。

明治28年（1895）頃に、八王子～高崎間の鉄道敷設が計画されたが、許可が下りずに立ち消えとなった。大正期に入り、鉄道建設を奨励する鉄道敷設法が制定され、関東大震災で東京周辺の鉄道が大きな被害を受けるなどして、再び地元の人々によって鉄道敷設運動が持ち上がり、ようやく国による建設が決定された。

工事は八王子～小川町間の南線と、小川町～高崎間の北線とに分けて行われた。市内の八王子駅から浅川橋梁までは、明神町と北野町の境界に沿って盛土工事が行われた。当時、国鉄八王子機関区のすぐ南側、子安地区は機関車から吐き出された石炭ガラ（カス）がいくつも大きな山をなしていた。盛土用にそれらが多く再利用され、トロッコで盛んに現場へ運び込まれた。

工事は順調に進み、昭和6年（1931）12月に南線の八王子～東飯能間がまず開通した。その後も順次、延伸が続き、昭和9年10月に最後に残った南線小川町と北線寄居間が開通した。ここに八王子～高崎間の全線が開通となり、晴れて八高線と呼ばれるようになった。

ローカル線でのんびりと

八高線は全長96・4㎞、八王子駅から高崎駅まで2時間半というローカル線である。沿線は西側に秩父山地の山並み、東側に関東平野の広がりを眺めながら南北に走り、東福生駅近辺では右手にしばらく横田基地がつづく。箱根ヶ崎を過ぎると、いまなお武蔵野の情緒とのどかなたたずまいを車窓に見ることができる。また、沿線には拝島大師・天覧山・越生の梅林・和紙の里（小川町）・秩父長瀞などの名所旧跡が多く点在し、観光の面

気動車の八高線

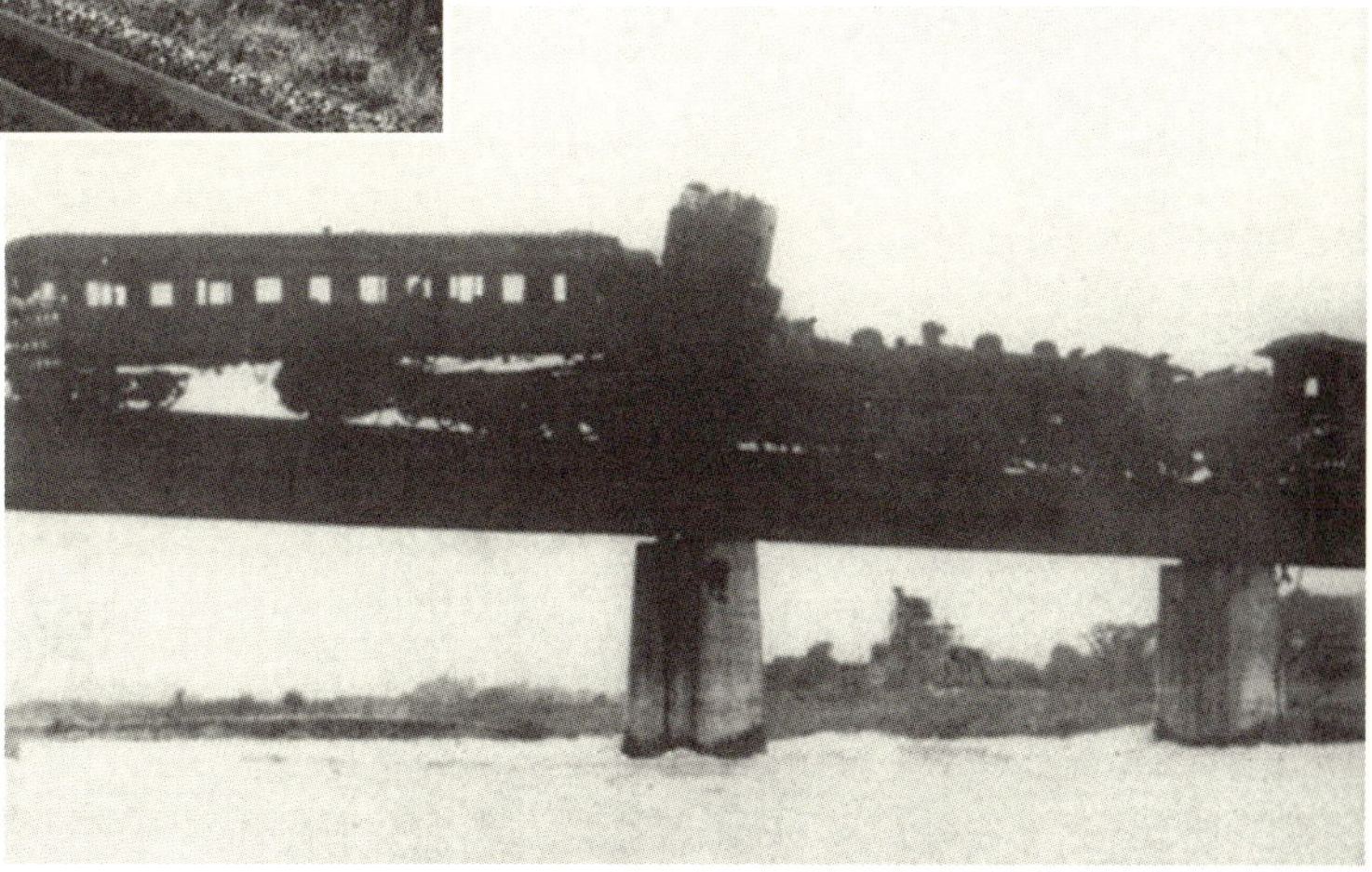

昭和20年８月24日、多摩川
鉄橋上で八高線が正面衝突

からも楽しめる路線である。

最近は路線に住宅や工場が増え、八高線はそれらの人たちの通勤通学に欠かせぬ足となっている。八王子市をはじめ、沿線の市や町からは、複線化や増発の要望が幾度も出されている。

八王子を起点とする鉄道として、路線名に八王子の字句が入っているのは、この八高線と京王線の２路線。八王子を出て武蔵野の西部と秩父の山麓をゆくローカル鉄道・八高線は、ロマンと自然のある鉄道として、時折、ＳＬ列車でも走らせてみたくなる。

終戦直後の昭和20年8月24日、小宮駅と拝島駅を発車した2本の列車が、中間にある多摩川鉄橋で正面衝突、死者１０５人、負傷者67人を出す大事故を引き起こした。さらにその2年後の昭和22年2月25日、高麗川駅付近の下り勾配で、下り列車が脱線、５ｍ下の麦畑に転落し、買い出し客をはじめ、１８４人の死者と４９５人の負傷者を出す大惨事となった。この２つの事故は、当時を知る八王子や沿線の人々にとっては、いつまでも忘れることのできない痛ましい出来事である。

北八王子駅

北八王子工業団地の最寄り駅

昭和30年代、八王子市の東北部に当たる高倉町・石川町にかけて北八王子工業団地が造成され、また周辺の大谷町・大和田町等には次々と住宅団地が開発された。北八王子駅はその中心部を走る八高線の最寄り駅として、昭和34年（1959）6月10日に開設された。

平成27年（2015）の1日の平均乗車人数は、約9千人である。平成8年3月に橋上駅舎となったが、このときまでは無人駅だった。

近年では、東海大学医学部付属八王子病院の利用者や、首都大学東京日野キャンパス、都立八王子東高等学校の学生たちが頻繁に使用している。ちなみに北八王子工業団地には、オリンパス、コニカミノルタ、カシオ計算機などの企業が並んでいる。

北八王子工業団地を走る八高線

小宮駅

市内最北の駅

小宮駅は八高南線が開通した昭和6年（1931）12月10日に開設された。八王子最北に位置する駅である。長い間農業地帯だった駅周辺にも、最近は開発の波が押し寄せ、次第に利用客も増加している。乗車人数は、平成27年（2015）で、1日平均約3千人である。

かつて構内には秩父セメント（現太平洋セメント）の倉庫があり、毎日、秩父からセメントを積んだ貨物列車が2本到着していたという歴史がある。JR貨物の駅でもあったが、平成9年3月に貨物列車の設定は取り払われた。

都内の駅としては数少ない、自動改札機がない駅で、簡易型のSuica対応の改札機が設置されている。平成11年に橋上駅舎が完成、同時に南口が開設された。

開設当時の小宮駅（昭和9年）

京王電気軌道

新宿〜府中間

甲州街道沿いに新宿〜八王子を結ぶ鉄道の敷設計画がありながら、沿道住民の強い反対にあって、鉄道は北方に追いやられてしまったが、その新しい甲武鉄道（現在の中央線）沿線が急激に開け始めたのを見て、かつて建設に反対した府中や調布などの甲州街道沿いの住民も、ようやく新しい交通機関の必要を痛感するようになった。

また、日露戦争の好況の波に乗って全国的に電気鉄道の敷設機運が高まった状況のなかで生まれたのが、京王電気軌道の敷設計画だった。

明治38年（1905）12月、日本電気鉄道が設立され、新宿〜府中の鉄道敷設を出願したが、翌39年8月、社名を武蔵電気軌道と改称し、出願路線も新宿〜八王子間と延長した。これが京王線の母体をなすものである。

明治40年6月、新宿〜八王子間の本線および支線の鉄道敷設の許可が下りた。明治43年9月、武蔵電気軌道は京王電気軌道（資本金125万円）として改めて発足した。京王電気軌道の設立趣意書では、

「本線路ハ甲州街道ノ要路ニ当リ、道路平坦砥ノ如ク、多摩川ノ清流ヲ左ニシ、近ク向カ岡ノ翠陵ヲ距テ、玲瓏雄大ノ富士山ヲ仰キ、右ハ武蔵野ノ平原ヲ眸中ニ攅メ（中略）寔ニ都人士ノ住所トシテ、無上ノ仙境タリ」

と称え、さらに織物の町八王子や宿場町調布・府中を紹介し、近辺村落も物産豊かであると述べ、古来旅客・物資の往来盛んな甲州街道沿いに鉄道を敷くことは急務であると指摘、これが開通すれば、「忽チ東京府下ニ於ケル重要ナル副市街ト化シ……」と断言している。

明治45年6月、用地買収のまとまった笹塚〜調布間で建設工事に着手、10か月後の大正2年（1913）4月15日に完成、開通の運びとなった。新宿方面へは用地買収を進めながら工事を行い、順次開業して、終点の新宿駅が開業したのは大正4年5月だった。また同時に西への延長工事も進められ、大正5年10月に府中駅まで開通、

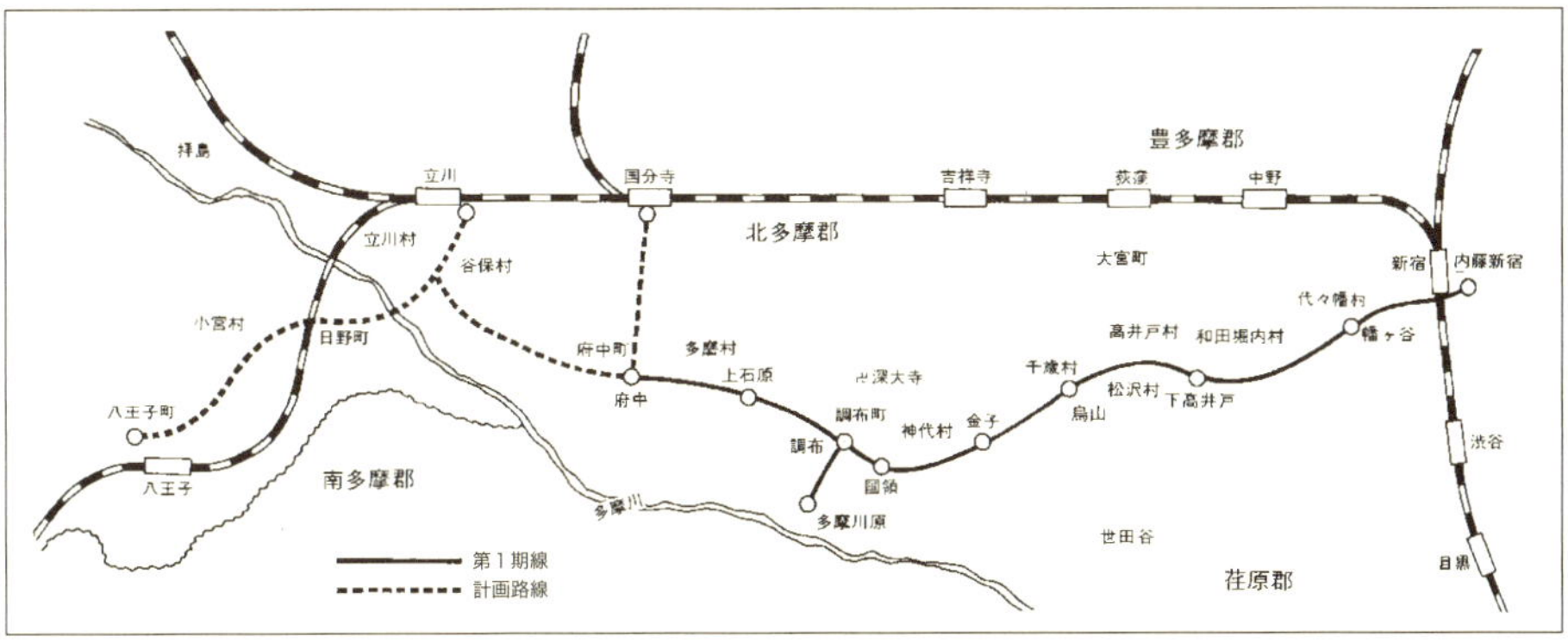

京王電気軌道路線図
（明治43年）

府中駅に停車する京王線
（大正12年頃）

ここに新宿～府中間の通し運転が始まったのである。

関東大震災

笹塚～調布間の電車開通と同時に、京王電気軌道では新宿～笹塚間と調布～府中～国分寺間に電車連絡用の乗合自動車の運転を始めた。電車開通までの臨時措置とはいえ、東京でのバスの草分けとして特筆できる。

京王電気軌道は開通したものの、創業期の常とでもいおうか、業績は芳しくなく、苦しい経営を強いられた。しかしその後、専務取締役として経営に当たった井上篤太郎の積極策と第1次世界大戦による好景気によって社業も好転を見たのだった。

大正12年（1923）9月、関東一円は大震災に襲われた。この関東大震災によって、京王電気軌道も大きな被害を受けたが、反面、京王の歩みに一つの転機をもたらすこととなった。輸送力増強のため、複線化や新宿駅の大改造等の工事を行っている。府中から八王子までの区間は、玉南電気鉄道の開通によって当初の目的を果たしている（後述）。

玉南電気鉄道

府中〜八王子

八王子は明治22年（1889）に甲武鉄道（中央線）が開通し、東京方面との往復に鉄道が利用されるようになったが、大正の中ごろになっても国分寺以西は依然として蒸気機関車で、運転回数も1日十数往復と少なく、至って不便だった。

一方、大正5年（1916）、甲州街道沿いの府中までは、新宿から京王電気軌道が開通し、調布・府中周辺は新しい郊外住宅地として次第に発展し始めていた。京王電気軌道はその社名の示すように、東京〜八王子間の路線敷設を目的としていたが、会社の歴史は浅く、当時の会社の経営内容からして新たな投資を行う余裕もないまま、府中〜八王子間の路線免許は取り消されてしまった。

しかし、府中以西の西府村や浅川沿いの多摩・七生・由井等の村々は、この頃ようやく電灯がついたばかりと

玉南電気鉄道計画路線略図

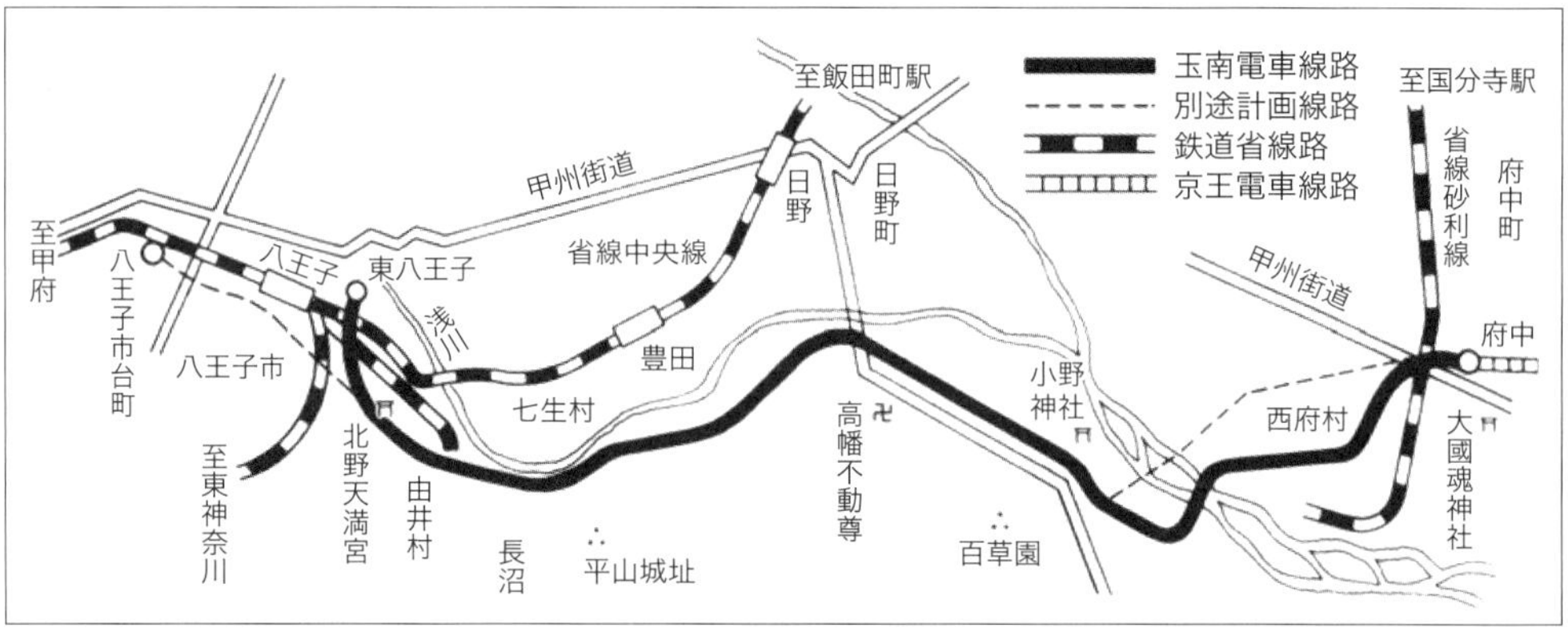

多摩川橋梁を渡る玉南電車
（大正15年10月）

いう純農村地帯だったが、この地区の人々は鉄道の敷設を長い間の念願としていた。八王子地区の有志は、誘致に熱心なこの農村地区の人々と共に、鉄道の誘致運動に立ち上がったのである。

当時の様子を伝える記録として、高幡不動尊境内にある「玉南電気鉄道記念之碑」の碑文を紹介したい。

「大正九年、沿道及びその他有志の発起に係り、十一月十日初めて、八王子市桑都公会堂に発起人会を開き、沿道に創立委員五十二名を置き、そのうち井上篤太郎氏外十二名を常任委員に挙げ、敷設免許を申請す。十年十月免許、十一年七月、資本金を百五十万円と定め役員を選定し会社設立を告げ……（以下略）」

京王の姉妹会社

京王電気軌道の既設線約22kmに対し、延長線は約16kmと、ほぼ倍に延伸しなくてはならず、開通しても4、5年間は欠損は免れそうになく、不採算による京王自体の収益減は必至だった。そこで別会社の玉南電気鉄道を設立した。京王電気軌道が、玉南の株式総数3万株のうち4割を引き受けた。

大正12年11月、難工事が予想される多摩川橋梁の新設工事から着手した。その後、沿線10か所に予定された駅の建築工事にも着手したが、この工事は比較的順調に進められた。終点八王子駅は、当初の計画では中央線と交差せず、北野から横浜線を横断して西進、市内の台町となっていたが、途中から計画を変更し、国鉄八王子駅東側で中央線を横断して明神町とする案になった。

このため新たに二つの難工事に取り組むこととなった。中央線とそれに並行する山田川の横断工事と、もう一つは中央線のすぐ手前の地点で交差する、八王子駅から大阪窯業八王子工場（長沼のレンガ工場）へ通ずる専用引込線の工事で、これらは最後まで難航し、昼夜兼行にわたる突貫工事の末、完工したのは鉄道開業1週間前という慌ただしさだった。開通は大正14年3月。

玉南電気鉄道は、大正15年12月4日、資本金150万円を90万円に減資して、姉妹会社である京王電気軌道に吸収合併された。玉南線の敷設に情熱を傾けた関係者の先見性とご苦労は、いつまでも記憶に留めておきたい。

御陵線

御陵参拝ブーム

大正天皇の薨去によって関東で初めての皇室陵墓、多摩御陵が東京府南多摩郡横山村（現在の八王子市長房町）の御料地に定められた。戦前の国民は皇室崇敬の念が厚く、東京・関東各地はもとより、遠く日本全国から大勢の人々が参拝に赴いた。ことに東京からわずかのところにできた御陵とあって、東京の人々の間に御陵参拝ブームが起こった。

御陵への最寄り駅としては、中央線浅川駅か八王子駅、京王線東八王子駅があった。特に京王線を利用する客が多く、東八王子駅からは八王子市街自動車（京王バスの前身）が御陵参道まで直行した。それだけでは不足と考えた京王は、前々から持っていた御陵線敷設の計画を本格的に始動させる。

御陵までの路線は2案あった。1つは北回り案。東八王子駅から元横山町・大横町・本郷横丁・元本郷町を通るルートで、隣接する小宮・川口・元八王子の各村の住民は大歓迎だった。しかし八王子市議会では賛否両論、議論沸騰して町の大きな話題となった。「東八王子駅から北へ新線が直行すると、八王子はここで東西に分断され、東側は発展から取り残されてしまう」「計画線はもっとずっと東に向かって大和田橋に出て、そこで左にカーブを切って西へ直行したらよい」等々、意見は百出。なかなか結論が出ないので、京王は南回り案を提起する。北野駅から由井・横山両村を通って御陵に至るルートである。昭和4年（1929）5月、南へのルート変更の認可が下り、京王は直ちに用地買収を開始した。

不要不急の憂き目

工事は北野からの土盛りで始められた。横浜線と立体交差したのち、子安丘陵南端から片倉・山田を通り、散田の横山で中央線と甲州街道をまたいで北進、浅川を渡河して左折、御陵前駅に達する全長6・4㎞の路線だった。開業は昭和6年3月20日、着工から6か月だった。

「時あたかも陽春の好季節に際会し、また五月に入りては学校生徒その他の団体等の御陵参拝客ありて相当殷盛を見たり」と、当時の営業報告書にある。平日は北野〜御陵前間は折り返し運転だったが、休日には新宿〜御陵前間が65分で直通運転した。

御陵前駅（のちに多摩御陵前駅と改称）は銅色瓦葺き神殿造り風の立派な建物で、駅前の芝生には掘り抜きの噴水が清涼な飛沫を上げていた。京王は開通記念乗車券を発売したり、休日急行電車の運転、割引乗車券の発売等のサービスで利用者の便を図った。また貴賓用電車が製作されたが、皇族では、照宮成子親王が学習院時代に聖蹟記念館へお出かけの際にお乗りになっている。

御陵線の開通は御陵参拝客にとって大変便利で利用者も多かったが、やがて省電による円電（1円電車の意で、新宿〜浅川間の往復運賃）運転開始という一大攻勢を受け、京王と激しい競争となった。その後、太平洋戦争の戦局ただならぬ昭和20年1月、不要不急線として幕を閉じた。多摩御陵前駅は8月2日の八王子空襲の際に、近くの陸軍中央幼年学校と共に焼夷弾を受けて焼失した。

甲州街道と交差する御陵線
横山駅（昭和10年頃）

多摩御陵参拝客で賑わう
御陵前駅（昭和６年頃）

京王高尾線・相模原線

御陵線の跡地に

昭和42年（1967）10月、京王線の北野駅と高尾山口駅を結ぶ、京王高尾線が開通した。

京王御陵線は昭和20年に廃線となっていたが、昭和30年代になって御陵線の復活運動がにわかに高まり、高尾山ケーブルカー駅まで乗り入れて欲しいという地元の要望もあって、京王帝都電鉄（昭和23年に発足）ではその再建を図ることが決定された。

京王高尾線（8・6㎞）はわずか1年9か月という工期で建設され、沿線住民の大きな期待と喜びのうちに開通を見た。

高尾線は京王本線の北野駅で分岐し、途中、京王片倉・山田・めじろ台・狭間の各駅を経て高尾駅で中央線に接続、再び分かれて山沿いを西進、終点の高尾山口駅に至る。高尾山の観光客に利用してもらおうと建設された高尾線ではあるが、沿線には片倉城跡公園・広園寺・御衣公園等、由緒ある名所旧跡も多い。多摩御陵へも高尾駅からは程近い。また、めじろ台住宅地は高尾線開通の際、京王帝都電鉄が大規模に開発した。なお、北野～山田とめじろ台の中間地点は旧御陵線の軌道跡を復旧したものである。

多摩ニュータウンとともに

多摩ニュータウンの建設にあわせて、かねてから同団地への足として京王相模原線の建設工事が進められた。昭和49年10月には京王多摩センターまでが開通し、さらに昭和63年5月には南大沢まで路線を延ばした。その後、平成2年（1990）3月、南大沢～橋本間が開通し、全通した。

ちなみに、昭和55年3月に京王線と都営地下鉄新宿線との相互乗り入れが実施され、京王線が戦後初めて山手線内の都心部に乗り入れている。

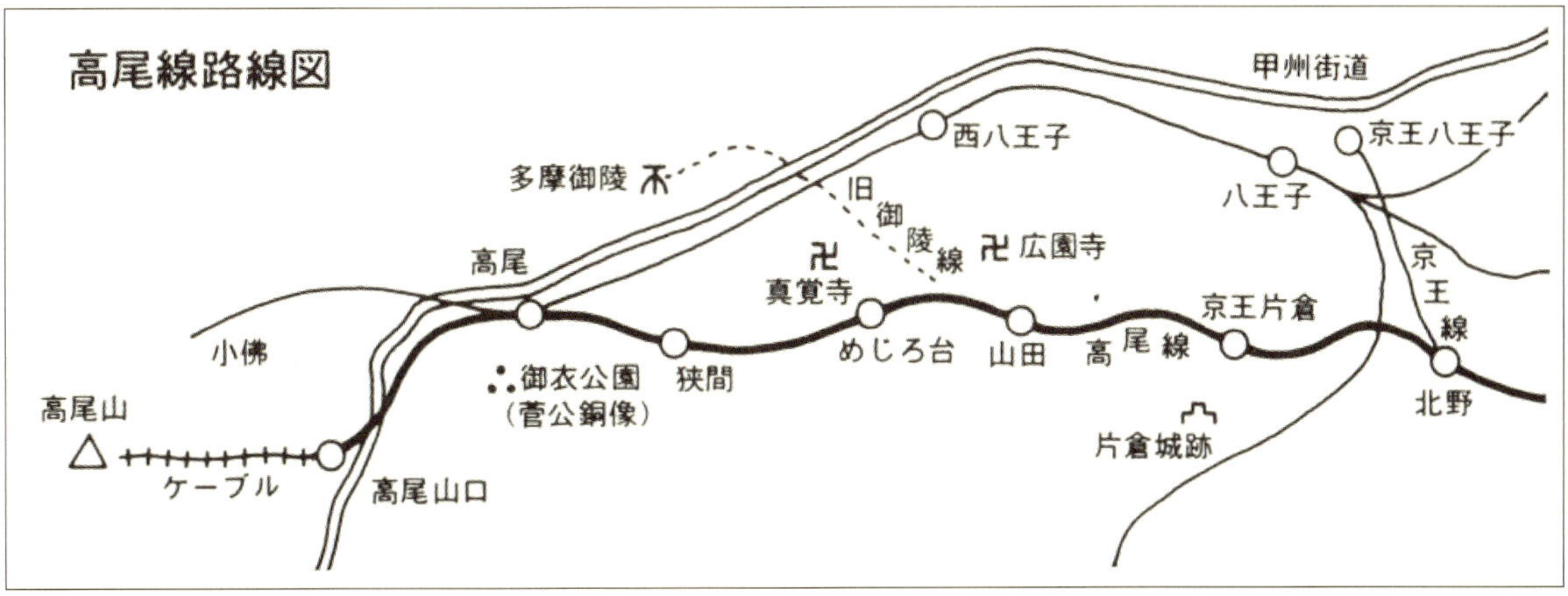

昭和42年、
京王高尾線が開通

京王高尾線めじろ台駅
（昭和52年）

昭和63年、京王相模原線の
南大沢駅開業

東八王子駅

玉南電気鉄道の終着駅

大正の終わり、明神町地区に残っていた関東大震災の後遺症はほとんど消え、のどかなたたずまいを取り戻していた。子安神社のあたりから東側はまだほとんどが田んぼで、撚糸用の水車があちこちで水しぶきを上げていた。初夏の頃ともなると、蛍が盛んに飛び交っていた。その明神町内で玉南電気鉄道の工事が始まり、田んぼに土盛りをして、水路をまたぎながら2本の軌道が子安神社東側、甲州街道際まで延び、やがて東八王子駅が開設されたのである。

大正14年（1925）3月24日、単線16kmの玉南電気鉄道が開通した。開通式は玉南線の中心、高幡駅構内で盛大に挙行された。明神町の東八王子駅にも、待望の電車開通とあって多くの市民が集まり、一番電車を見送ったという。この日、多摩川支流の浅川の南岸、多摩丘陵

大正14年に開業した東八王子駅。八王子市街自動車のバスが見える

昭和５年の東八王子駅。車両は１両のみだった

の裾をオレンジ色のスマートな新型電車が、一面につづく田畑の中で警笛も高らかに疾走したのだった。

新たに開業した駅は府中を含めて10駅で、当時はまだ南武鉄道（南武線）は開通しておらず、分倍河原駅は屋敷分《やしきぶん》駅といって甲州街道際にあり、また聖蹟桜ヶ丘は関戸駅と呼ばれて、ともに小さな一停留所に過ぎなかった。なお、南平は翌15年4月の開業である。

運賃競争

開通時の東八王子発の上り電車は全部府中行きで、運転間隔は30分、所要時間は31分で、終点の府中駅で新宿行きの京王電車が連絡していた。当時の中央線八王子～新宿間の運賃は58銭だったが、玉南線は全線31銭、京王線は全線36銭で、東八王子～新宿間は67銭と中央線よりも割高だった。対抗した玉南と京王は、同じ58銭の特別料金を設け、往復だとさらに1円10銭に割り引きした。

開業時の車両は総括制御の木造車だった。86人定員のボギー式客車3両と72人乗り3両の計6両で、翌年4月には86人乗りと72人乗りの各2両が追加されて計10両となった。

新しく開業した東八王子駅前には八王子市街自動車が営業所を開設した。八王子市内や高尾山方面へは連絡バスが出て便利になった。記録によれば、大正14年の東八王子駅の乗降人数は1日平均９９６人で、八王子駅の乗降人数は４８８６人だった。

運賃の割引や電車の増発に努めても、旅客にとって府中乗り換えはとても不便だった。直通運転するには京王と玉南の軌間を統一する必要があった。大正15年の両社合併後、直ちに府中～東八王子間の改軌工事が始められた。軌道幅は玉南線の約3尺6寸を京王線の約4尺6寸にすることになり、車両は玉南の大型車を京王の小型車に改造すると決まった。ホームも京王に合わせて小型用に低くした。しかし途中から、これからは大型車両の時代だから、むしろ逆に車両やホームは玉南に合わせた方がよいということになり、急きょ各駅のホームも高く改造し直すという慌ただしい工事が実施された。結局、軌道幅は京王に、車体幅は玉南に統一された。新宿～東八王子間の全通は昭和3年（１９２８）5月22日である。

京王八王子駅

田んぼの中の駅

平成元年（1989）、三多摩地域初の地下駅として生まれ変わった京王八王子駅は、大正14年（1925）3月24日、玉南電気鉄道開通のときに東八王子駅として明神町の甲州街道沿いに開設されたことに端を発する。

そのころの明神町はまだ田んぼが多く、人家は年々増えてはいたが、甲州街道沿いに古い農家と新しい商店が入り混じっていた。

北野方面から延びてきた軌道は、中央線の下をくぐって敷設されたが、軌道の両側は一面の田んぼや畑で、あぜ道にはレンゲやタンポポが咲き競っていた。線路のすぐ左手には織染学校、右手には府立第四高女の校舎がひときわ目立っていた。東八王子駅のすぐ西側は子安神社の大明神の池で、池から湧き出た水は東へ向かって流れ、各所で撚糸用の水車を回していた。駅のホームの下でも綺麗な水が流れ、ドジョウやフナの魚影が見られた。

沿線住民の熱心な誘致運動により実現しただけに、新しい鉄道の誕生に人々は喜びもひとしおだった。開通翌日（3月25日付）の東京日日新聞によると、「昨日から開通した玉南電車・お祭り気分で」の見出しがあり、続いて以下のようにある。

「待ちに待たれた玉南電車は桜に先立って廿四日愈々開通し、物めづらしさに押し掛けた乗客で、朝五時四十五分発の初発から大入り満員で、午後二時までの乗客三千名に上り、停車場付近はお祭り気分であった」

翌大正15年、玉南電気鉄道は京王電気軌道と合併、昭和3年に東八王子〜新宿間に直通電車が運転されるようになった。その後、昭和20年8月の八王子空襲の際に駅舎は全焼、車両1両も焼失する被害を受けた。

都市計画に沿って

昭和38年（1963）12月、八王子市の都市計画により開設された東放射線道路沿いに東八王子駅が移転した。甲州街道沿いから北野寄りに200mほど移動し、

地上にあった頃の
京王八王子駅

三多摩地域初の地下駅となった
京王八王子駅

駅名も「京王八王子駅」と改称された。駅前広場はバスターミナルとなり、またこの年、新宿行き特急が出るようになって利用客が増加した。

平成元年４月２日、京王八王子駅は三多摩地区初の地下駅として生まれ変わる。京王帝都電鉄が昭和61年４月から、総工費１７０億円をかけて建設工事を進めた。

新しい駅は、地下２階部分に長さ２１０ｍ、最大幅９ｍの島式ホームがあり、10両編成の電車が発着できるようになった。駅舎の内部はアイボリーで統一された明るい雰囲気で、地下１階が広いコンコース、改札口、駅事務室などで、出入り口は中央口２か所のほか、西口にも新しく設けられ、それぞれにエスカレーターも設備された。駅舎に隣接して路線バスターミナルが、またホーム先端部分に京王バスの高速バスターミナルが新設された（２００７年に業務終了）。

京王八王子駅は、市民にとっては「座ってゆける始発駅」として、またここを訪れる乗客にとっては「自然へのレクリエーション起点駅」として、これからも便利で親しまれる私鉄駅として発展することだろう。

高尾登山電鉄

ケーブルカーとリフト

「高尾山のケーブルカー」として知られる高尾登山電鉄は、歴史も古く、昭和2年（1927）1月の開業である。関東の霊山・高尾山薬王院の信徒と、素晴らしい眺望を誇る高尾山への観光客などの足の利便を目的に、薬王院並びに地元の人たちによって登山鉄道の建設が計画され、大正14年（1925）6月に建設に着手、昭和2年1月に完成を見た。

開業後、利用客は年と共に増加したが、太平洋戦争下における企業整備令によって、昭和19年2月、諸設備を供出し、営業休止となった。

戦後の混乱期もようやく安定の兆しが見え始めた昭和24年10月、修復工事を経て営業を再開した。ケーブルカーは全長1km、一番の急傾斜は31度18分で、これは日本一の勾配である。また、昭和39年10月には、全長約872mの観光リフトが新設された。

三ツ星の高尾山

高尾山は自然と歴史の宝庫である。高尾山駅前にはビアガーデン、駅から薬王院への参道途中には、高尾山さる園や野草園があって、ハイカーや遠足の子どもたちが足を止めている。

昭和42年の秋、京王高尾線が山麓まで乗り入れて、都心からの交通は一段と便利になり、観光客が増加した。さらには、平成19年（2007）から連続してミシュランガイドで最高ランクの三ツ星を獲得し、国内だけでなく海外からの登山客もうなぎ登りとなっている。

かつて、高尾山のふもとには高尾自然科学博物館があったが、平成16年に閉館となっていた。その跡地に、平成27年（2015）、高尾山599ミュージアムが開館。モダンなデザインもあって、高尾観光の新たなスポットとなっている。ケーブルカーは、高尾山に集まる人々の重要な、そして楽しい登山電車として、これからもきつい坂を登りつづけるだろう。

開業当時の高尾登山鉄道清滝駅と客待ちのタクシー（昭和２年）

もみじ号。平成20年に新車両が導入されて姿を消したが、名前は引き継がれている

あおば号。こちらの車両もすでになく、名前のみ新型車両に継承

武蔵中央電気鉄道

八王子から大宮まで

昭和の初め、八王子駅から追分までの市内大通りには、両側に商店がぎっしり軒を並べていたが、追分から西は商店も少なく、横山村（いまの並木町付近）に入ると住宅もまだまばらだった。その甲州街道の真ん中を、武蔵中央電鉄は、八王子駅から高尾山麓まで路面電車として運転されていた。

当時、八王子は絹織物の産地として知られ、また中央・横浜・京王各線の交通要路にも当たり、近くに関東の霊山高尾山や御陵をひかえて多数の旅客が見込まれ、鉄道投資家には将来性の高い地域として注目されていた。

大正の末頃、全国的に鉄道の新設機運が盛り上がったが、高尾山電気軌道（いまの高尾登山電鉄とは別、のち八王子電気鉄道と社名を変更）もその一つであった。高尾山電気鉄道は大正14年（１９２５）には八王子市旭町

追分付近を走る
武蔵中央電鉄
（昭和５年頃）

祭礼やお十夜に登場した
花電車（昭和６年頃）

（八王子駅）〜浅川村（高尾山麓）間と、横山町〜明神町（東八王子駅）間の路線敷設免許を得、さらにつづいて明神町から東北に進んで立川・所沢を経由して東北本線大宮駅に連絡するという遠大な計画を立てたが、昭和2年（1927）にはこれも免許されている。

路線敷設工事は、多摩御陵参道口の改修工事に伴って拡張された甲州街道の、追分〜浅川駅前間の4kmの工事から始められた。しかし、高尾山電気軌道から改称した八王子電気鉄道は経営基盤が弱いため、昭和4年3月、当初から同社の敷設・設備・営業権など一切を継承する目的で設立された武蔵中央電気鉄道に、その事業のすべてを譲渡して解散した。社名が示すように、武蔵野（東京多摩地区と埼玉県南部）のほぼ中央部に、鉄道を敷設しようという壮大な計画を以て発足した。

甲州街道を走るチンチン電車

昭和7年4月、八王子駅前〜高尾橋間の全長約8・4kmが開通。単線で、車庫は横山村散田に設けられた。

織物の町・八王子の目抜き通りである甲州街道を、チョコレート色のチンチン電車が走った。定員70名のボギー車は、8分ないし16分間隔で運転され、運賃は1区6銭、全線4区24銭で、市民からは便利な市内電車として親しまれた。昭和6年頃から、当時としては珍しい女性車掌が乗務した。利用客は昭和9年、1日平均3千人。

高尾山の遊覧客と多摩御陵参拝客の利便を図るため、京王電気軌道・高尾登山電鉄と提携して通し切符を発売した。また、八王子の祭礼や高尾山の納涼大会には花電車が運転され、車体いっぱいに色とりどりの装飾を施し、市民の目を楽しませた。

武蔵中央電気鉄道の滑り出しはまずまずだったが、乗客は次第に便利なバスに奪われ、そのうえ中央線の電化や京王御陵線の開通など悪条件が重なり、経営は苦境に立たされた。昭和13年3月、京王が八王子市街自動車を買収、つづいて6月には武蔵中央電気鉄道も傘下に収めた。同時に不採算となった市内軌道線を廃止、残りの武蔵横山駅〜高尾橋間も1年数か月後に休止された。不要となった車両は金沢市電や江ノ島電鉄、遠く満州の新京市電となって活躍した。

南津電気鉄道

絹の道に鉄道を

玉南電気鉄道が開通した大正末頃は、全国的に鉄道建設の気運が盛り上がり、京王・玉南両線の沿線にもいくつかの新線計画があった。由木村と相模原の津久井地区を中心として計画された南津《なんしん》電気鉄道もその一つで、不運にも時勢に押し流されて夢と終わってしまったが、三多摩交通史の一端として触れておきたい。

「絹の道（シルクロード）」と呼ばれ、絹の道資料館も位置する八王子市鑓水は、かつての南多摩郡由木村の西端に位置している。幕末の頃から明治の終わり頃までの約50年間、鑓水は八王子近郷や山梨・埼玉・群馬などで生産される生糸の集散地として知られ、ここで取引された生糸は輸出港である横浜へ荷車や荷馬車によって運ばれていった。この生糸の取引によって村は栄え、多くの豪商が生まれた。

関東大震災後、鑓水出身の大塚卯十郎が浅草区役所をやめて村に帰ってきた。故郷では商業が盛んになっていたが、交通の方は至って不便。そこでたちまちに彼は鉄道敷設の夢に取りつかれ、南津電車を計画したのだった。

そして早くも大正15年（１９２６）11月には鉄道敷設免許を得た。まさかと思っていた鉄道が認可となると、それまで外来商人たちによって進歩的な気風を植え付けられていた村の人たちは、この計画に魅せられ、大塚卯十郎に大きな夢を託するようになった。

南津電気鉄道の発足

南津電気鉄道の計画路線は、南多摩郡多摩村一ノ宮から由木村を横断、横浜線相原駅を経て津久井郡川尻村（現相模原市）に至る約16kmの鉄道だった。

開発のおくれているこの地区と都心とを結び、また当時は無尽蔵といわれた多摩川の砂利をはじめ、生糸・木材・薪炭などの産物の輸送を主な目的とした。また終点の相模川は古くからの景勝地で、アユ漁の名所としても知られていた。観光路線としての期待もあった。

南津電気鉄道の夢を少しだけ叶えたともいえる
京王相模原線橋本駅

「鑓水停車場」の文字が
残る道標

昭和２年（１９２７）、創立総会が開かれ、南津電気鉄道（資本金１００万円）が発足した。社長は玉南電気鉄道の建設に尽力、後に同社の監査役となった林副重が就任し、直ちに用地買収に取りかかった。第１期工事として鑓水と堺村小山地区の約３㎞にわたって工事がはじめられ、土砂運搬のトロッコの行きかう音が静かな山間にこだました。

しかし予期しない不運が訪れた。第１次世界大戦の好景気も次第に衰退を辿り、やがて不況風が吹き荒れ、その余波を受けて生糸相場も大暴落、生糸商人や養蚕農家は手痛い打撃を受けた。南津電気鉄道の株主はほとんどが生糸商人と農家の人たち。株金の払い込みは滞り、建設資金にも窮してしまった。せっかく始められた工事はストップ、昭和９年には会社も解散し、南津電車の夢は夏草の露と消えてしまった。

当時の計画を物語る「鑓水停車場碑」が、鑓水中央バス停から５００ｍほど北へ上った庚申塚の一隅に残されている。現在、京王相模原線が橋本駅まで開通しているが、南津電車の夢が半分ほど叶ったといえなくもない。

多摩都市モノレール

21世紀の新しい交通

鉄道・バスにかわる新しい交通システムとして注目されたのがモノレールである。平成12年（2000）に多摩都市モノレールが、上北台～多摩センター間で全通した。八王子市内には、中央大学・明星大学駅、大塚・帝京大学駅、松が谷駅の3駅が新たに設けられた。

多摩地域は、都心部へ向かう東西方向の交通網に比べ、南北の交通網が弱い。そこで、南北を結ぶ鉄道の建設案が浮上しては消えるを繰り返していた。昭和61年（1986）4月、都と沿線各市と西武・京王など民間会社からなる第三セクターの多摩都市モノレールが設立され、待望の南北路線が実現への一歩を踏み出した。

将来的に八王子駅を中心に、南は多摩ニュータウンへ、北はあきる野市から羽村・箱根ヶ崎方面へ通ずる路線計画もあり、その早期実現が待たれるところである。

中央大学・明星大学駅へとすべり込む多摩都市モノレール

第2章

八王子のバス

人力車とバス

まずは人力で

明治になって人力車が登場した。明治3年（1870）頃、和泉要助という人が東京府の営業許可をとって、東京の中心・日本橋で開業したのが最初といわれる。当初、車は木製金輪だったが、のちにゴムタイヤに改良。珍しい乗り物としてたちまち地方にまで流行し、やがて全盛期を迎えた。

八王子では、明治8年、子安村（現子安町、明神町）の戸町役場の記録に「人力車渡世山本新兵衛」の名前が見えるが、これが八王子における営業人力車の出現を物語っている。明治20年頃には、八王子～恩方（川原宿）間を人力車が往来していたという。

明治22年、甲武鉄道八王子停車場が開業すると、停車場構内に人力車組合が誕生し、多くの人たちが利用するようになった。明治25年頃、八王子町の人力車は138台を数えたという。

このように便利な乗り物として、一時、大流行した人力車も、その後、電気軌道・乗合自動車・乗用車等の発達によって徐々に衰微していった。更にタクシーの出現によって大きな打撃を受け、急激に減少した。八王子では戦後の数年間まで、5台ほどの人力車が営業していたが、それも間もなく廃止された。

バスの発進

バスは明治から昭和の初めまでは、乗合自動車または略して乗合と呼ばれていた。

バスの歴史をたどるとかなり古い。明治36年に大阪で開催された第5回内国勧業博覧会において、梅田駅と会場である天王寺公園を結んだロコモービルという蒸気自動車が、バス営業の第1号とされる。しかし業績はふるわず、すぐに廃業した。その後、日本の何か所かでバスが計画されたが、いずれも営業不振ですぐやめている。

東京では大正2年（1913）に、京王電気軌道が京王線笹塚～調布間を開通した際、未開通の笹塚～新宿間

東京で最初に走った
京王の路線バス

八王子市街を最初に走った
高尾自動車のバス（大正６年）

と調布～府中間、さらに国分寺までバスを走らせたのが最初のバス営業である。これはあくまで電車開通までの臨時措置だったため、開通後すぐに廃止となった。

一般的には、大正８年に開業した東京市街自動車が東京におけるバス営業のはしりとされる。堀内良平という人が始めたもので、「青バス」と呼ばれた。

八王子のバスはどうだったのだろう。東京で青バスが走り出す３年前の大正５年に、豊泉信太郎が乗合自動車の警視庁の正式許可をとって、八王子駅～高尾山下間にバスを走らせている。高尾自動車である。実は八王子にゆかりのある高尾バスと京王バスが、ともに東京におけるバス営業の先駆けを果たしていたのである。

バスに女性車掌を初めて採用したのは、大正９年の東京市街自動車である。当時、「白襟嬢」と呼ばれ、お客から大変評判がよかった。それから長い間、乗合バスには女性の車掌さんがすっかり定着したが、昭和30年代後半から人手不足や合理化のためワンマンカーが登場するようになった。現在では、路線バスはすっかりワンマンカーである。

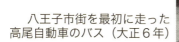

京王バス

東京でのバス第1号

京王電気軌道では大正2年（1913）4月に、笹塚～調布間の電車を開業したが、用地買収などで手間どった末に未開通の区間に乗合自動車を運行した。これはあくまで臨時措置ではあったが、東京におけるバス営業の草分けだった。大正4年に電車が開通し、バスはすぐに廃止された。

京王バスが再び東京で登場するのは、大正からはるか過ぎた昭和12年（1937）、八王子では13年のことである。とはいえ、京王では約20年間、全くバス事業に無縁だったわけではなく、交通の一元化を図るため、京王沿線に生まれた比較的小さな規模のバス会社を次々に買収し、子会社として運営をつづけていた。

昭和3年、京王電気軌道では井上篤太郎社長を迎えて、事業は一段と活発化し、殊にバス事業は京王沿線の

京王バスの八王子営業所（昭和15年頃）

昭和17年頃から戦後にかけての木炭バス

みではなく、近郊隣接県にも拡大していった。

昭和10年、京王電気軌道は玉川電気鉄道と共同出資して東都乗合自動車を設立、東京北部の板橋～赤羽間と埼玉県をエリアとして乗合事業を展開する。さらに営業基盤が埼玉県南部の鳩ヶ谷自動車も子会社として運営するなど、乗合自動車事業は広範囲にわたり、まことに目覚ましく発展していった。

昭和12年6月、京王電気軌道は神奈川県の東海道線藤沢駅を中心とした地域に路線を持つ藤沢自動車を買収。その後、八王子中央自動車、相北自動車、七沢温泉自動車、万便自動車、八木屋自動車等を次々に傘下に収め、営業範囲を拡張していった。神奈川県の中部から北東部にかけた広範囲が京王の勢力圏になり、当時珍しかった観光パンフレットを発行して、相模川や津久井渓谷等のハイキング客や釣り客の誘致に努めている。

昭和13年に陸上交通事業調整法が施行されたのを機会に、小規模会社の統合や合併、一部路線の譲渡などが行われるようになった。京王ではまず本社に自動車課を置き、さらに笹塚営業所を開設、八王子地区では八王子営業所を横山村散田（現並木町）に開設している。

戦火を乗り越えて

ところが太平洋戦争がはじまり、昭和17年1月には東京市中のバス路線が東京市の管理下に入った。さらに京王電気軌道は昭和19年5月、東京急行電鉄に合併され、その後、京王が神奈川県下で展開していたバス事業は東急から小田急の管轄となった。戦後、昭和23年に京王が小田急・京浜急行の2社とともに東急から分離する際、その収益の見返りとして、小田急から井の頭線を移譲された。

戦前、中央線沿線の中野～吉祥寺間に中野乗合自動車・進運乗合自動車・昭和自動車の3つのバス会社があり、いずれも京王電気軌道の関連会社だったが、昭和19年5月に京王が東急と合併したため、前記3社は自動的に東急の系列会社となった（のちに3社は関東バスに併合）。

戦後、京王バスは京王電鉄の自動車部門として発展してきたが、経営合理化のため分社化され、平成14年（2002）より京王電鉄バスとなった。

高尾自動車

三多摩バスの草分け

戦中戦後、八王子市内や近郊の恩方・加住地区等への主要路線として親しまれていた高尾自動車。創業者は豊泉信太郎である。豊泉家は明治中頃から八王子駅前で旅館業（角喜旅館）を営んでいた。そのため時折、旅館の泊まり客から人力車の手配を依頼されることがあった。大正3年（1914）、豊泉は人力車より便利なタクシー業を始める。八王子初のタクシーだった。

当時、すでに高尾山は観光地として名が知られていて、宿泊客から高尾参りの要望がかなりあり、その都度、タクシーを利用していた。しかしタクシーは乗車人員が少ないことから、豊泉は「これからは多数の乗客が一緒に利用できる自動車の時代だ」と決意。すぐさま資金集めに奔走し、以来、バス事業の実現に邁進していく。

大正5年10月、警視庁の「乗合自動車営業許可」を得て、早速に八王子駅から甲州街道を通って高尾山下までの乗合自動車の運転をスタートさせた。車両はチャルマーと称するフランス製6人乗りの乗用車を一部改造したもので、運賃は八王子駅前から終点浅川村高尾山麓までで90銭だった。

青バス対赤バス

関東大震災直後の大正12年12月、市内に新しいバス会社が発足した。車体を真っ赤に塗っていたので「赤バス」と呼ばれた。後の八王子市街自動車である（後述）。これに対し、高尾自動車は車体が淡青色だったので「青バス」といわれた。赤バスの営業路線が八王子駅前〜追分間で、青バスと同じ路線を走っていたため、八王子駅前では両社の従業員による客の奪い合いが演ぜられた。

一方、交通の便に恵まれていない恩方街道沿いの人々から、高尾自動車は新規路線の開通を強く要望されていた。その期待に応えて大正13年、恩方村川原宿まで新しく路線を開通した。こうした状況のなかで市内競合路線の問題を両社で話し合い、追分〜高尾山下間を高尾自動車が八王子市街自動車に譲渡。この時以来、高尾自動車は陣馬街道を主力とするバス会社となった。

昭和2年（1927）4月、個人経営から資本金2万5千円の株式会社に改め、新たに観光バス事業にも進出するようになった。バス路線も地域の要望に応えて、昭和4年に大久保まで、7年には上案下（陣馬高原下）まで延長した。バスと同時に経営していたタクシー部門（車10台）は、一般には「角喜タクシー」と呼ばれ、営業収入はバスの3倍近くもあった。

戦時中、深刻な燃料不足に見舞われたが、ガソリン車から木炭自動車に切り替えるべく、自前で武蔵境に浅川式木炭ガス発生炉製作工場を設置し、いち早く木炭ガス発生装置をバスの車体に取り付けた。戦後すぐに、休業していた観光バス事業を再開し、八王子観光を吸収合併した。路線も、加住線・市内循環・中野循環・西八循環等を開設し、利用客へのサービス向上に努めた。

昭和30年7月、京王の傘下に入った。昭和38年10月には、奥多摩振興・五王自動車と3社合併して西東京バスとなった。

恩方線を開通したばかりの
高尾自動車（大正14年）

八王子駅前の高尾自動車
本社（昭和７年）

八王子市街自動車

赤バスの誕生

大正12年（1923）、当時の八王子市の人口は約4万1千人で、甲州街道沿いには商店が軒を並べ、商業と織物の町として栄えていた。

その八王子の将来性に目をつけた青年実業家・平井実造は、「これからは自動車の時代だ」として、八王子市内にバスを走らせる計画を立てた。平井はそれまで足柄自動車（いまの箱根登山鉄道）の経営に携わり、バス事業については詳しかった。大正12年8月24日、八王子駅前〜追分間のバス営業の免許を取得。平井は早速、八王子駅近くの横山町で手広く商売（氷屋）をしていた赤坂長作にバス事業の話を持ちかけ、計画の第一歩を踏み出す。

新規事業には何よりもまず資本が必要であり、事業目的とするバスの営業区間が八王子駅前〜追分間だったことから、追分で質屋を営んでいた資産家の大野清次郎に話を持ち込む。大野がたまたま新規事業を考えていたこともあり、バス実現の道は急激に開けていった。資本金は6千円、車両は最初は1台で、2、3人乗りのフォードのツーリングカーを13人乗りに改造した。車体を真っ赤に塗ったため、高尾自動車の「青バス」に対して、市民からは「赤バス」と呼ばれるようになった。ちなみに、車庫と事務所は大野家の庭に設けた。

女性の車掌さん

開業の翌年には車両が4台となり、事業もどうにか採算がとれるようになった。運転手はカーキ色で開襟の軍服に似たキリッとした服装だった。男子車掌に代わって採用された女子車掌は、紺のツーピースにエビ茶のネクタイを結び、ベルトに革の切符入れを挟み、きびきびとした応対と親切さで乗客から大変好評だった。新しい制服や規律などが評判となり、東京市から視察が入るほどだった。赤バスは順調な増車によって追分の車庫が狭くなり、新しく用地を物色中、幸いにも開通間近い玉南電車の終点、東八王子駅真向かいの明神町に適地を取得す

郵　便　は　が　き

料金受取人払郵便

八王子局承認

407

差出有効期間
2026年6月30日
まで

1 9 2 8 7 9 0

0 5 6

〔受取人〕
東京都八王子市
追分町一〇—四—一〇一

揺籃社 行

●お買い求めの動機
1, 広告を見て（新聞・雑誌名　　　　　　　　　　　）　2, 書店で見て
3, 書評を見て（新聞・雑誌名　　　　　　　　　　　）　4, 人に薦められて
5, 当社チラシを見て　6, 当社ホームページを見て
7, その他（　　　　　　　　　　　　　　　　　　　　　　　）

●お買い求めの書店名
【　　　　　　　　　　　　　　　　　　　　　　　　】

●当社の刊行図書で既読の本がありましたらお教えください。

読者カード

今後の出版企画の参考にいたしたく存じますので、
ご協力お願いします。

書名〔　　　　　　　　　　　　　　　　〕

お名前《ふりがな》　　　　年齢（　　歳）
性別（男・女）

ご住所　〒

TEL　（　　）

E-mail

ご職業

本書についてのご感想・お気づきの点があればお教えください。

書籍購入申込書

当社刊行図書のご注文があれば、下記の申込書をご利用下さい。郵送でご自宅まで1週間前後でお届けいたします。書籍代金のほかに、送料が別途かかりますので予めご了承ください。

書　　名	定　価	部　数
	円	部
	円	部
	円	部

収集した個人情報は当社からのお知らせ以外の目的で許可なく使用することはいたしません。

東八王子駅前に開業した
八王子市街自動車（大正14年）

八王子駅前に勢ぞろいした
八王子市街自動車（昭和３年頃）

ることができた。大正13年12月、本社営業所と車庫を設けて追分から移転し、追分には出張所を置いた。

大正15年、八王子市街自動車は、ライバル関係にあった高尾自動車から追分～高尾山下間の路線を譲り受け、八王子駅前～高尾山下間の運行を開始した。開通直後の玉南線と連結して、高尾山方面への連結輸送を始めた。

その後、個人経営から株式会社として正式な会社となった。新規路線として、伊奈線・粟ノ須線・津久井線等を設け、一方で近隣の由木乗合・高幡乗合等を合併し、合理的な路線網の再編に取り組んだ。

昭和４年（１９２９）、甲州街道を通るチンチン電車、武蔵中央電気鉄道が敷設された。開通当初は物珍しさから乗客も多かったが、ここにはすでに八王子市街自動車が走っていたため、武蔵中央電気鉄道の経営は次第に苦境に立たさせるようになった。そこで、同社は八王子市街自動車を傘下に収めることとした。昭和13年、京王電気軌道が八王子市街自動車と武蔵中央電気鉄道を相次いで買収、この時から八王子市内を京王バスが走るようになった。

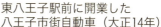

伊奈バス

農家の庭で発車オーライ

八王子から西多摩郡増戸村へ運行していたのが伊奈バスである。大正13年（1924）、八王子市街自動車（赤バス）が本社を追分から明神町に移転したが、同社のオーナー的存在だった追分の大野清次郎はこれを機に経営から手を引き、それまで八王子市街自動車の一部路線として営業していた伊奈線を引き継いで営業した。これが伊奈バスである。別名、多摩自動車とも呼ばれた。

路線は八王子（本郷横丁）から中野・犬目・戸吹を経て秋川を渡り、西多摩郡増戸村伊奈宿に至るもので、終点は永井宗太郎宅だった。運行は1日4回程度で、定時に運転されていたが、2年ほどで休業してしまった。

昭和3年（1928）、有志により営業が再開されるも、業績は上がらず、昭和7年に元の八王子市街自動車に吸収され、同社の一路線へと戻ったのである。

昭和初期の伊奈バス

石川自動車

粟ノ須線と親しまれ

江戸時代より粟ノ須村（八王子側）と多摩川対岸の築《つい》地《じ》村（昭島側）とを結ぶ渡船があり、「築地の渡」と呼ばれて人の往来があった。大正14年（1925）3月、八王子市街自動車は築地の渡に近い粟ノ須と八王子駅を結ぶバスの免許を取得。同社の組織再編成とともに退職した高山繁蔵がこの権利を買い取り、個人でバス営業を始めた。車両は25人乗りのフォードコマーシャル1台だった。石川自動車や粟ノ須線と呼ばれた。

沿線には石川祈祷所があって、バスのお客の多くはそこへ通う人たちだった。祈祷所の信者のなかには歌手・花柳界・相撲力士等もいて、結構盛んだった。そのため、祈祷所がお休みのときはバスも臨時休業した。バス料金は片道50銭。昭和8年（1933）、高山が八王子市街自動車に権利を譲り、石川自動車は消滅した。

粟ノ須行きの石川自動車（昭和５年）

八王子中央自動車

郷里へ念願のバスルート

八王子はかつて神奈川県であったことや、ともに織物業が盛んであった関係などにより、県北の津久井方面とは頻繁に交流があり、大正の末頃から、相模自動車が半原（愛甲郡愛川村）から橋本を経て八王子に至る路線で営業していた。

しかし、半原や久保沢（川尻村）等の人々が八王子市に出るのに、橋本・御殿峠経由の相模自動車ではちょっと遠回りだった。もっと距離の短い、久保沢から相原の二国橋（境川）を渡り、七国峠の西側で多摩丘陵を越え、大船、小比企を経て八王子へ出るコース（津久井街道、または大船街道）を走るバスが切望されていた。

相模自動車出身で八王子市街自動車に勤めていた八木音吉は、自分の郷里、津久井（川尻村）の人々の期待に応えて、新しいバス路線を引きたいと考えていた。大正15年（1926）1月、八木は八王子市街自動車を退職し、八木自動車商会を設立、7人乗りのT型フォード1台を購入して、津久井街道にバスを走らせた。利用客からは「八木自動車」と呼ばれた。料金は八王子～久保沢間が片道30銭、往復だと50銭だった。

絹の道を走る

津久井地方は旧中野町（のち津久井町、現相模原市緑区）を中心に養蚕が盛んであり、織物工場や問屋のある八王子とは盛んに交流し、この道はシルクロード（絹の道）として利用されていた。

当時、八王子の人たちは相模川のアユが解禁となると、どっと津久井に繰り出して、小倉橋（当時はまだ橋はなく渡船場だった）付近や田名の方まで出かけていった。自家用車など誰も所有する者はなく、往復はもっぱらバスだった。このためアユ釣りの季節等はバスは乗客でぎゅうぎゅうで、定員7名のところに倍の15人以上も乗ったという。

久保沢止まりだった路線は、その後、小倉の渡船場ま

T型フォード車の
八王子中央自動車（大正14年）

八王子中央自動車の社屋前にて

で延長された。当時、この街道は狭い砂利道だったが、行き交う自動車とてなく、バスはスイスイと運転され、平日で9往復した。

昭和5年（1930）、八木自動車商会は個人営業を改組して、八王子中央自動車という株式会社になった。八木音吉は、当時のことをこう語っている。

「八王子中央自動車を設立したとき、車はフォードのコンマーシャル、20人乗りを3台増やし、運転回数も増やし、皆さんに大変喜ばれた。行楽シーズンとアユ漁のときはとにかく忙しかった。最初は運転手だけで運転していたが、途中から女子車掌が乗るようになった。他に交通量がなかったので、事故は全然なかった。昭和10年頃から木炭バスになったが、峠で車が動かなくなると、乗客が車から降りて押してくれた。本当にいい時代だった……」

昭和16年、八王子市や南多摩郡下のタクシー業者の統合により、八王子交通事業が設立され、八木音吉は同社の役員に就任し、昭和52年1月からは同社の社長を務めた。

由木乗合自動車

峠を越えた心意気

八王子市と野猿峠（以前は猿丸峠とも）を越えた由木村を結んでバスが通うようになったのは昭和4年（1929）のことで、由木村出身の石井善蔵の始めた由木乗合によるものだった。

昭和のはじめ頃の由木村は、農業・養蚕・畜産等、自然環境に恵まれた農村だったが、農家の副業として筵《むしろ》づくりが盛んに行われていた。野猿峠を南に下った中山で農業を営んでいた石井善蔵は、農業のかたわら、筵の材料となる藁《わら》を周辺各地から買い集めたり、出来上がった筵を問屋に届けたりする運送屋（馬力引き）も兼業していた。

八王子へ出ることの多い村人にとって、野猿峠を越えての往復は非常に不便であり、また大変苦痛でもあった。八王子へ出る足（乗り物）の開通を、村人は心の底から願っていた。そんな村人の願いを叶えるべく、石井は一念発起して乗合事業を計画したのだった。事業免許を取るため、東京の警視庁へお百度を踏んだとさえいわれ、その努力が実ってついに待望の免許を手にすることができた。

車庫を野猿峠に設置し、待望のバスは発車した。区間は下柚木（由木小学校前）～八王子郵便局前（いまの横山町郵便局前）間だった。最初の頃は、石井自動車と呼ばれたこともあったらしい。

資本金は9100円。車両はフォードの幌型車1台で、料金は全線4区35銭で、1日9往復運転された。その後、バス区間は横山町郵便局前から八王子駅北口まで延長された。

昭和8年1月には、新たに由木相原線に免許が下りた。由木村堀之内～堺村相原間の約8㎞だった。この頃には車両もフォード幌型1台（定員7名）、シボレー箱型2台（定員9名）となった。路線はその後、相原坂下から横浜線相原駅まで延長されている。

沿線には北野天神・打越弁財天・鑓水道了堂・白山

神社・永林寺・鎌田鳥山など名所が多く、石井はそれら名所への乗客の誘致にも努めた。1日の乗客数は平均100人前後（昭和12年）で、八王子の祭礼や八王子競馬（高倉町に競馬場があった）開催日などには増発運転した。

このバス事業は、村の人々から感謝されていたが、開業当初より苦しい経営が続いていた。

戦争の影が……

昭和14年、戦時色も一層濃厚となり、個人経営のバス事業者にとって、ガソリン、機材、労力などの手当てが厳しさを増すばかりだった。

こうした時代の流れの中にあって、由木乗合自動車（車両4台、営業距離約16・2km）は、鉄道・バスの交通一体運営を進めていた京王電気軌道と合併するに至った。

自らの故郷に通じる由木街道（野猿街道）にバスを走らせた石井善蔵の心意気とその努力は、由木の人たちにいつまでも語り継がれていくだろう。

野猿峠にて由木乗合自動車
（昭和５年頃）

野猿街道を走る
由木乗合自動車のバス

五王自動車

乗合馬車の頃

西多摩郡五日市町（現あきる野市）は大自然の山あいに秋川の清流をはさんで栄えた町で、明治の後期から人口7千人余りを擁していた。町名の源となった「五日毎の市」では、周辺で産出された野菜、薪炭などが町の露天市で盛んに取引され、賑わったという。

五日市と八王子は地理的に近く、明治のはじめの頃より産業的にも住民の日常生活においても密接な交流があった。更に明治22年（1889）に新宿〜八王子間に甲武鉄道が開通すると、五日市地方の人々は東京へ出る玄関口として、一層八王子へ足を向けるようになった。

こうしたなか、明治28年に五日市の青年実業家・岸忠左衛門が中心となって五日市〜八王子町本郷立場（現平岡町）間に1日数回往復の乗合馬車を始めた。ただ、往来する途中の秋川丘陵を越える小峰峠が難所で、馬の疲

勢ぞろいした五王バス
（大正11年頃）

貸し切りバス５台で
お客さんをご案内

労が激しく、採算どころか飼い葉代にもならない始末で、とても健全な経営など行えなかった。

その折、朽ち果てそうな幌馬車を前に、「よし俺が！」と立ち上がったのが、岸の仲間だった石川重兵衛だった。そして明治34年、五日市地方の人々には小峰峠まで歩いてもらい、上川口糀谷（今熊山入口）を起点として八王子町元本郷までの1頭立て6人乗りの乗合馬車を再開した。豆腐屋に似たラッパをトテートテーと吹いて走ったので、トテ馬車とも呼ばれた。明治44年に小峰トンネルが完成、五日市権田坂上に発着場を延長した。

秋川流域にその名を残して

大正時代中頃になると、日本各地に自動車が出始め、次第に乗合馬車が乗合自動車へと取ってかわるようになった。大正9年（1920）、重兵衛の子、石川虎一郎は、川口村の機業家・奥住愛二郎と八王子市本郷町の染色業・本間秀太郎の援助を得て、フォード・ライトバンの中古車1台を購入し、石川自動車として新発足した。

当時、五日市地方の大金持ちは、山林増殖に投資はしても、近代的自動車業に理解を示す人は皆無で、石川の乗合自動車計画になど見向きもしなかった。それにもかかわらず、奥住、本間の2人が率先して石川に協力、八王子人の積極進取の気概を見せた。当時の乗合自動車は乗客が満員になれば出発する不定期便で、一定した停留所もなく、利用者が旗を立てておくと乗合自動車がその前で停まるという、まことにのどかなものだった。

その後、営業所と車庫を五日市の中心に新設するとともに、大正13年に五王自動車商会が創立された。同年、八王子の終点を八王子駅まで延長、翌年には五日市から東は東秋留村を経て福生町、西は戸倉村西戸倉まで延びた。昭和4年（1929）、五日市～大久野～青梅間が開通、さらに西は十里木まで延長された。

昭和11年頃の営業距離は約41・5km、車両数8台、従業員は16名だった。個人経営のバス事業としては、多摩地区では随一の発展ぶりを示し、小さな町の大きな企業として五日市住民の自慢でもあった。昭和36年4月、京王の傘下に入り、昭和38年10月には、高尾自動車・奥多摩振興と3社合併し、西東京バスとなった。

西東京バス

歴史ある3社を引き継いで

昭和38年（1963）10月、京王の傘下会社だった高尾自動車、五王自動車、奥多摩振興の3社が合併して、新たに西東京バスとして発足した。合併の際、新社名は斬新でスマートなイメージのものにという意向を受けて、社内で社名募集を行った結果、西東京バスと決定した経緯がある。いまから50数年も前、同社が先鞭をつけた西東京の名称は、現在ではすっかり地域や企業の一般的な呼び名として親しまれ、数多くの場面で使われている。

西東京バスの運行エリアは都心からほぼ40km圏にあり、ニュータウンや団地の開発、工場の進出が盛んだった。こうした地域の重要な足として、西東京バスは走り続けている。なお、平成11年（1999）に100％子会社の多摩バスを設立。営業所の分社化が行われた。

高尾・奥多摩・五王の３社が勢揃い。後列右に筆者（昭和38年）

藤沢自動車

津久井から湘南へ

八王子市民にはなじみが薄いかもしれないが、藤沢自動車は昭和6年（1931）12月から昭和19年5月まで、橋本から御殿峠を越えて、横浜街道（現16号）を通って八王子駅まで運行されていた。昭和6年、江之島自動車、片瀬自動車商会、鵠沼自動車の3社が合併して発足した会社で、その後、相模自動車、寒川自動車、津久井自動車、茅ヶ崎自動車を吸収、路線の拡大を図った。

昭和12年6月、藤沢自動車は京王電気軌道の子会社となる。京王傘下で引き続き、周辺の七沢温泉自動車、相北自動車、八王子中央自動車等を次々に買収。戦時の陸上交通事業調整法によって、昭和18年4月、東京急行電鉄の傘下となり、昭和19年5月、伊勢原自動車とともに東海道乗合自動車に合併、商号が神奈川中央乗合自動車となった。戦後、神奈川中央交通に改称。

藤沢自動車の橋本営業所（昭和15年）

神奈川中央交通

神奈中バスと呼ばれて

大正末期から昭和初期、そして現在に至るまで、神奈川中央乗合自動車（昭和26年に神奈川中央交通に社名変更）は、多摩地区、殊に八王子地域にバス路線を持ち、利用者からは「神奈中バス」として親しまれている。同社の路線は、多摩地区の町田・八王子・多摩の各市など、多摩ニュータウンなども含めた多方面に延び、地域の人たちの重要な足となっている。しかし戦前、八王子駅に乗り入れていたのは神奈川中央乗合自動車ではなく、同社に統合される前の、相模中央自動車、八王子中央自動車、藤沢自動車だった。

神奈川中央乗合自動車の前身は、大正10年（1921）に創業した相武自動車で、同社は周辺のバス会社を次々に合併、昭和14年（1939）に東海道乗合自動車に商号を改めた。戦況の悪化と政府の強制的な企業統合の下でバス事業の再編が進められ、昭和17年に秦野自動車、昭和19年に伊勢原自動車と藤沢自動車を合併、社名を神奈川中央乗合自動車と改めた。

八王子と神奈川の間で

次に八王子と神奈川の間で運行されていたバスを紹介する。既述のものもあるが、整理するために記す。

相模自動車は大正9年創業。大正末頃から昭和のはじめにかけ、八王子駅前～橋本～半原～厚木間にバス営業をしていた。また八王子中央自動車は、大正の末頃から八王子駅前～津久井川尻村方面にバスを走らせていた。

その後、バス事業者の統合が進められるようになり、相模自動車は昭和6年、八王子中央自動車は昭和15年、ともに藤沢自動車に合併している。藤沢自動車は昭和6年に神奈川県内の3社（江之島自動車、片瀬自動車商会、鵠沼自動車）が合併して発足した会社である。前述のように周辺のバス企業を次々に傘下に収めて拡大していったが、昭和12年、藤沢自動車は京王電気軌道の傘下に入った。

京王バスの沿革（八王子地区を中心に）

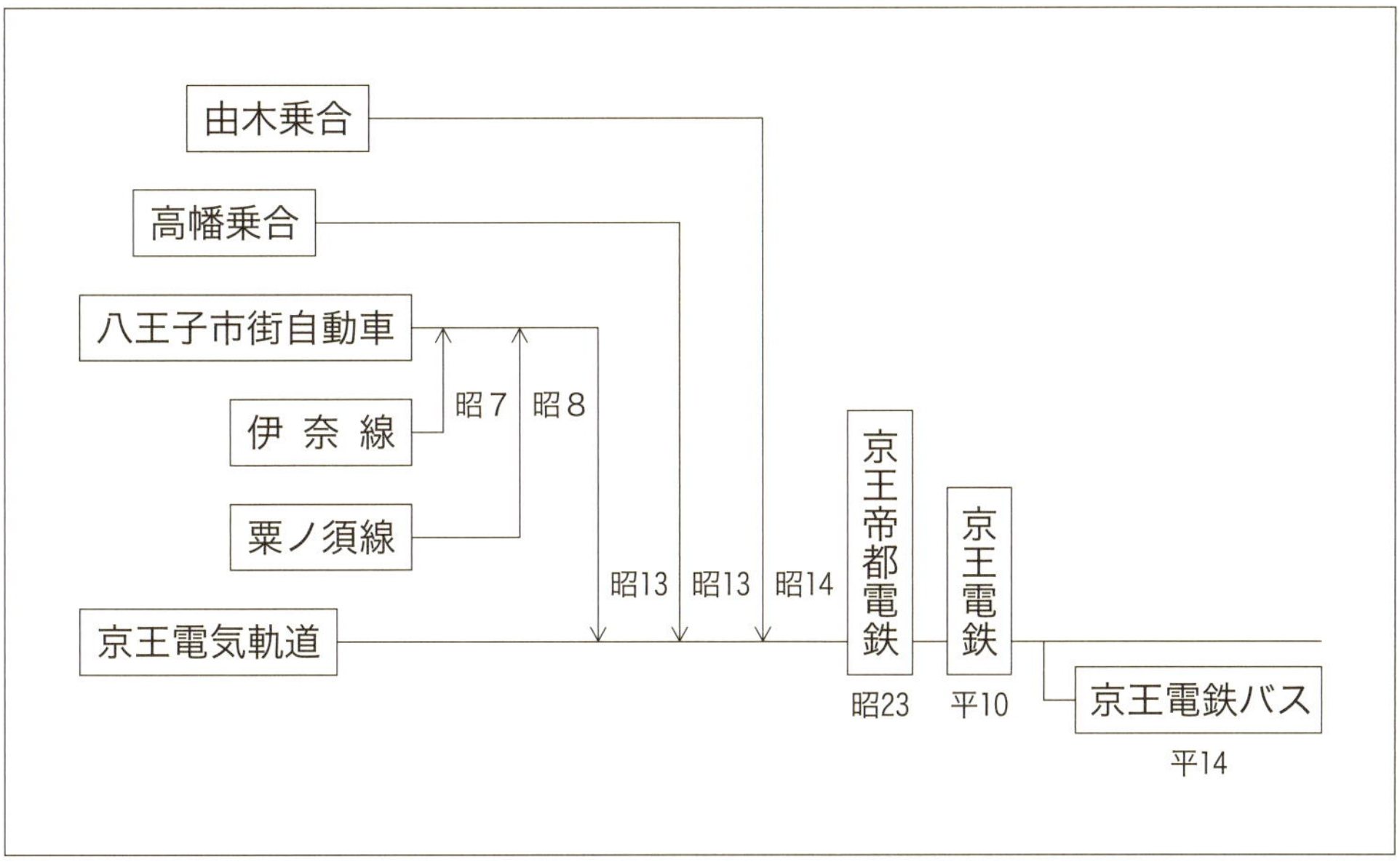

西東京バスの沿革

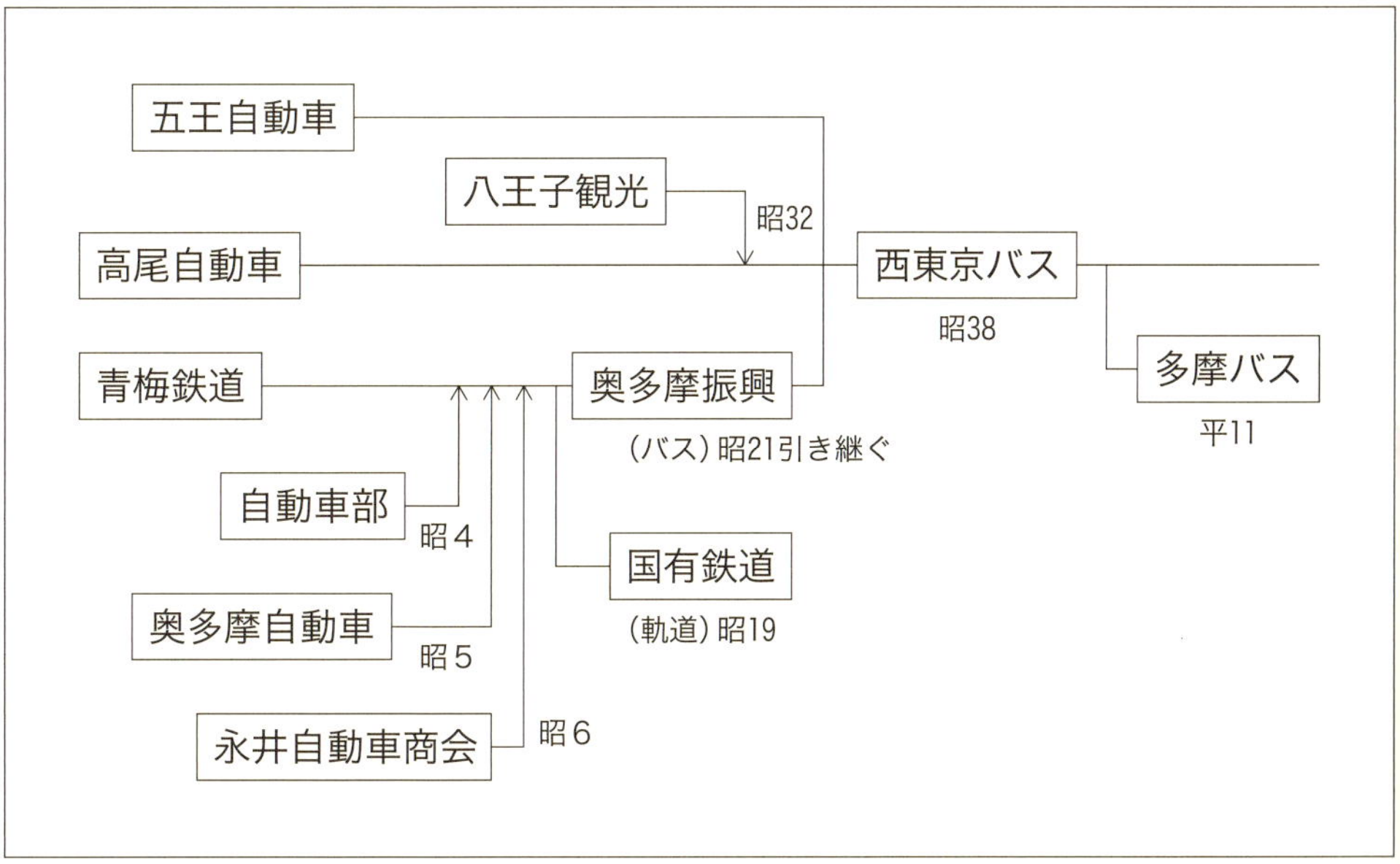

神奈川中央交通の沿革（一部省略）

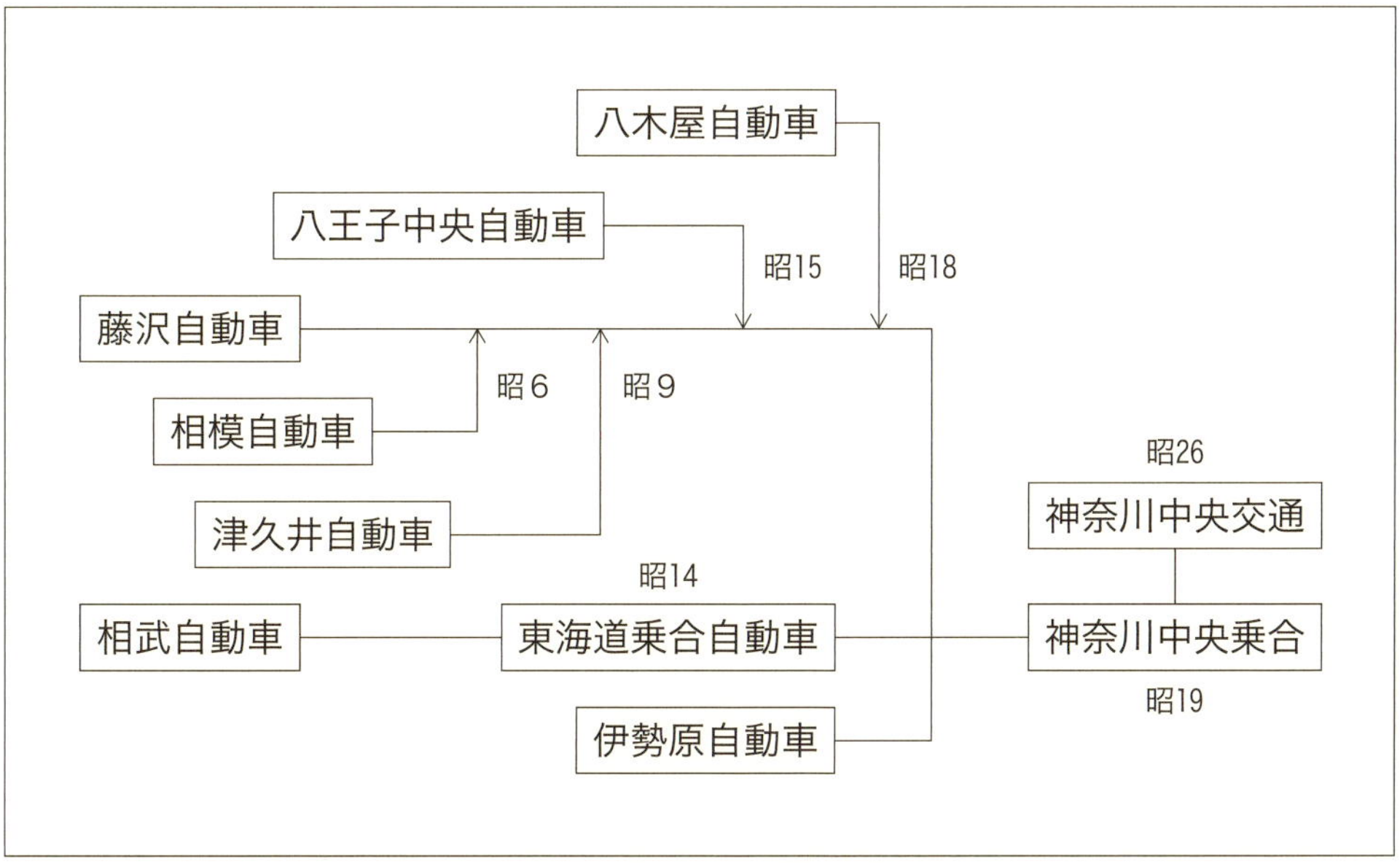

八王子のタクシー

第1号は大正3年に

八王子にタクシーが出現したのは大正3年（1914）である。八王子駅前で旅館業を営んでいた豊泉信太郎が宿泊客の要望に応えて個人的に始めたもので、旅館の屋号から「角喜タクシー」と呼ばれていた。大正10年頃には法人タクシーとして八王子自動車ができ、また大正12年には角喜タクシーが、八王子で初めてメーター付きのタクシーを走らせた。

大正末から昭和にかけて、八王子の人口は次第に増加してきたが、この頃になると、それまで大流行していた人力車が乗合自動車や電車等に押されて徐々に衰微し、それに代わって出現したタクシーが市民の新しい乗り物として利用されるようになった。この時期に営業を開始したタクシーに、尾上タクシー・旭自動車・中央タクシー・昭和タクシー・八王子中央自動車がある。その後も相次いで個人タクシーが出現した。

しかしその一方で、世相は次第に厳しさを増し、昭和初期にはじまって7、8年頃まで続いた経済恐慌から昭和12年の日中戦争へと、タクシー業界のみならず日本国民にとって苦難の時代が続いた。この頃、八王子では八王子自動車営業組合が設立され、ガソリン値上げ反対、道路整備促進、免許制度、料金問題等について、関係団体と一体となって諸官庁への働きかけを行っている。

燃料不足

戦時体制下では、営業に最も必要なガソリンが血の一滴といわれるほどの入手困難状態に陥り、ついにはその代替燃料の木炭で走らせる木炭乗合自動車まで出現したが、次第に木炭さえも入手が難しくなっていった。物資の統制は一段と厳しさを増していき、個人タクシーは経営が立ち行かなくなるところも出てきた。企業の乱立と資材・燃料等の深刻な不足という経営環境の悪化に遭い、多くの個人タクシーが廃業していった。日中戦争前には、ホマレ・木暮・小林・尾上・横山・八日町・浅

東八王子駅前の京王タクシー（昭和12年頃）

京王八王子駅前にズラリと並ぶタクシー

見・浅川・渡辺・三ツ輪のタクシー10業者（13台）が、また戦争中には栗原・万・羽衣・山岸・元横・柴田・明神・旭・中町の9業者（21台）が廃業した。

八王子では関係企業者が協議した結果、高尾自動車の13台をはじめ、八王子中央自動車、京王タクシー、毎タ・水村・本郷・金子・松島・佐藤・関戸の10社（35台）が合同し、昭和16年（1941）1月、八王子交通事業という会社を設立した。しかし、太平洋戦争に突入した軍部は車両を強制的に徴発、また金属類回収令によって車両が供出され、経営は困難を深めた。

昭和20年8月2日、八王子空襲によって多くの車両や社屋が焼失し、大きな被害を受けた。終戦後、当時八王子で唯一のタクシー会社だった八王子交通事業がわずか数台から再出発、増車と資本の増加を重ねながら、輸送力回復のための懸命な努力を続けた。昭和24年に戦時統制令が解除され、タクシー事業の新規営業が免許される。八王子の復興も進み、八王子駅の新駅舎がお目見えした昭和27年、戦後のタクシー第1号として八王子ハイヤーが産声を上げた。

八王子の交通年表

西暦	年月	主な出来事
1868	明治元・9	明治と改元
1880	明治13・	この頃、八王子〜東京（神田鎌倉河岸）間に乗合馬車が営業開始
1886	明治19・11	新宿〜八王子間の馬車鉄道が免許
1889	明治22・4	八王子町制施行（神奈川県南多摩郡八王子町となる）
	明治22・8	甲武鉄道の新宿〜八王子間が全通、八王子駅開業
1893	明治26・4	三多摩が神奈川県から東京府に編入（東京府南多摩郡八王子町となる）
1895	明治28・	八王子（本郷横丁）〜五日市間に乗合馬車が通う
1901	明治34・8	中央線の八王子〜上野原間が開通し、浅川駅開設。八王子駅は移転
1903	明治36・6	八王子機関庫開設
1906	明治39・10	甲武鉄道が国有化され、中央線となる
1908	明治41・9	横浜鉄道（横浜線）の八王子〜東神奈川間が開通
1912	大正元・7	大正と改元
1913	大正2・	京王電気軌道が東京初のバス（乗合自動車）を走らせる
1914	大正3・4	豊泉信太郎が八王子駅前でタクシー業（個人）をはじめる

1916	大正5・10	豊泉信太郎が乗合自動車の営業をはじめる（八王子駅〜高尾山下）
1917	大正6・9	八王子市制施行
	大正6・10	横浜鉄道（横浜線）が国有鉄道となる
1920	大正9・2	石川自動車（五王自動車商会の前身）の八王子（本郷横丁）〜五日市間が開通
1921	大正10・	この頃、相模自動車の半原（愛川村）〜八王子間が開通
1922	大正11・7	玉南電気鉄道が設立
1923	大正12・9	関東大震災
	大正12・10	八王子市街自動車の八王子駅〜追分間が開通
1924	大正13・	高尾自動車の恩方線（八王子駅〜川原宿間）が開通
	大正13・	伊奈バスの八王子〜伊奈間が開通
1925	大正14・3	石川自動車（個人）の八王子駅〜粟ノ須間が開通
	大正14・3	玉南電気鉄道の東八王子〜府中間が開通
1926	大正15・1	八木自動車商会の八王子〜久保沢（津久井郡川尻村）間が開通
	大正15・12	京王電気軌道が玉南電気鉄道を吸収合併
	昭和元・12	昭和と改元
1927	昭和2・1	高尾登山電鉄の清滝〜高尾山間が開通
	昭和2・4	高尾自動車が設立
1928	昭和3・5	京王電気軌道の直通運転（新宿〜東八王子間）が開始

	昭和3・10	由木村で南津電気鉄道の起工式が執り行われる
1929	昭和4・4	子安町の中央線跨線橋（通称陸橋）が完成
	昭和4・7	由木乗合自動車の下柚木〜八王子（横山町郵便局前）間が開通
	昭和4・11	武蔵中央電気鉄道の浅川駅前〜追分間が開通
1930	昭和5・12	中央線の東京〜八王子間がすべて電化
1931	昭和6・3	京王電気軌道の御陵線（北野〜御陵前間）が開通
	昭和6・12	八高線の八王子〜東飯能間が開通、小宮駅開業
1934	昭和9・10	八高線の八王子〜高崎間が全通
1935	昭和10・	京王電気軌道が東都乗合自動車を設立
1936	昭和11・9	八王子機関庫が八王子機関区と改称
1937	昭和12・6	京王電気軌道が藤沢自動車を買収
	昭和12・7	盧溝橋事件勃発、日中戦争に突入
1938	昭和13・6	京王電気軌道が武蔵中央電気鉄道を買収
	昭和13・8	八王子駅の新駅舎が完成
	昭和13・8	陸上交通事業調整法施行
1939	昭和14・4	西八王子駅が開業
	昭和14・6	京王電気軌道が武蔵中央電気鉄道の路線を撤去、営業休止に
	昭和14・	京王バス八王子営業所が横山村散田（現並木町）に開設

1940	昭和15・9	八王子中央自動車がバス路線の権利を藤沢自動車に譲渡
	昭和15・10	横浜線の八王子〜原町田間のガソリンカーが蒸気列車に変更
1941	昭和16・1	タクシー業者の統合により、八王子交通事業が発足
	昭和16・12	真珠湾攻撃、太平洋戦争に突入
1942	昭和17・11	横浜線に片倉信号所が設置
	昭和17・	京王電気軌道が配電統制令により電力供給業を関東配電に譲渡
1943	昭和18・7	東京都制施行
1944	昭和19・2	高尾登山電鉄が営業を休止、諸設備供出
	昭和19・5	藤沢自動車ほか2社が合併し、神奈川中央乗合自動車となる
	昭和19・5	京王電気軌道が東京急行電鉄に合併
1945	昭和20・1	御陵線休止
	昭和20・8	八王子空襲、中央線いのはなトンネル列車銃撃事件
	昭和20・8	広島・長崎へ原爆投下、太平洋戦争終結
	昭和20・8	八高線の小宮〜拝島間の多摩川鉄橋で列車衝突事故
1947	昭和22・2	八高線の東飯能〜高麗川間で列車転覆事故
	昭和22・5	中央線に婦人子供専用車が登場
1948	昭和23・6	京王帝都電鉄が発足（東京急行電鉄から分離）
	昭和23・11	高尾自動車が加住線（八王子駅〜戸吹間）を開通

1949	昭和24・4	八王子駅南口が新設
	昭和24・6	公共事業体として日本国有鉄道が発足
	昭和24・10	高尾自動車の市内循環線が開通
1952	昭和27・4	八王子駅新駅舎が完成（駅舎を東へ約150m移動）
	昭和27・12	八王子ハイヤー（のちの京王自動車）が開業
1953	昭和28・10	八王子駅前広場にロータリーが完成
1955	昭和30・3	京王バスの八王子駅～大垂水～上野原間が開通
1957	昭和32・12	片倉駅が開業
1959	昭和34・6	北八王子駅が開業
1960	昭和35・7	八王子駅前に織物タワーが完成
	昭和35・11	高尾自動車の美山線（八王子駅～小田野～美山町）が開通
1961	昭和36・3	浅川駅が高尾駅と改称
	昭和36・4	五王自動車が京王の傘下に入る
1962	昭和37・7	西八交通が開業、万葉交通（のちの三和交通）が開業
1963	昭和38・10	高尾自動車、奥多摩振興、五王自動車が合併し、西東京バスが発足
	昭和38・12	東八王子駅を北野寄りに新設、駅名を京王八王子駅に変更
1964	昭和39・10	東京オリンピック開催、八王子は自転車競技の会場となる
	昭和39・10	高尾登山電鉄の観光リフトが完成

1966	昭和41・12	中央線に特急あずさ号が登場
1967	昭和42・7	中央線に特別快速電車が登場
	昭和42・10	京王高尾線の北野～高尾山口間が開通
	昭和42・12	中央自動車道の調布～八王子間が開通
1968	昭和43・7	八王子～茅ヶ崎間に海水浴ゆき直通列車が運行
1969	昭和44・5	国鉄1等・2等区分を廃止し、グリーン車が登場
1970	昭和45・10	八高線の八王子～高麗川間で「さよならSL号」運転
1971	昭和46・10	八王子市で全国初のノーカーデー実施
	昭和46・12	八王子駅オイルターミナルが営業開始
1972	昭和47・9	八王子中心市街地の甲州街道にて歩行者天国実施
1975	昭和50・1	八王子駅～並木町までの甲州街道4kmにわたりバス専用レーンを設置
1978	昭和53・3	西八王子駅の橋上駅舎が完成
1979	昭和54・10	八王子駅貨物ターミナルが営業開始
1980	昭和55・7	北野駅北口ロータリーが完成
1982	昭和57・4	西八王子駅南口ロータリーが完成
	昭和57・9	西東京バスがボンネットバス「夕やけ小やけ号」を走らせる
1983	昭和58・11	八王子駅ビルが完成、南北自由通路が開通
1985	昭和60・10	国道16号の八王子バイパス（左入～北野～相原）が開通

1987	昭和62・4	日本国有鉄道が分割民営化、JRに
1988	昭和63・5	京王相模原線の京王多摩センター～南大沢間が開通
1989	平成元・1	平成と改元
	平成元・4	京王八王子駅の地下化が完了、三多摩初の地下駅に
1990	平成2・3	京王相模原線の南大沢～橋本間が開通
1991	平成3・9	京王八王子バスターミナルが利用開始
1994	平成6・12	中央線にスーパーあずさが登場
1996	平成8・3	八高線の八王子～高麗川間が電化
1997	平成9・4	横浜線に八王子みなみ野駅が開業
1998	平成10・7	京王帝都電鉄が社名を京王電鉄に改称
1999	平成11・10	多摩バス（西東京バスの子会社）が営業開始
2000	平成12・1	多摩都市モノレールの上北台～多摩センター間が全通
2001	平成13・12	中央線に中央ライナーが登場
2002	平成14・2	京王電鉄バスが設立
2007	平成19・5	西東京バスのボンネットバス「夕やけ小やけ号」が運行終了
	平成19・6	圏央道が八王子ジャンクションで中央道とつながる
2015	平成27・10	国道16号の八王子バイパスが無料化
2017	平成29	八王子市が市制百周年を迎える

清水正之の既刊本

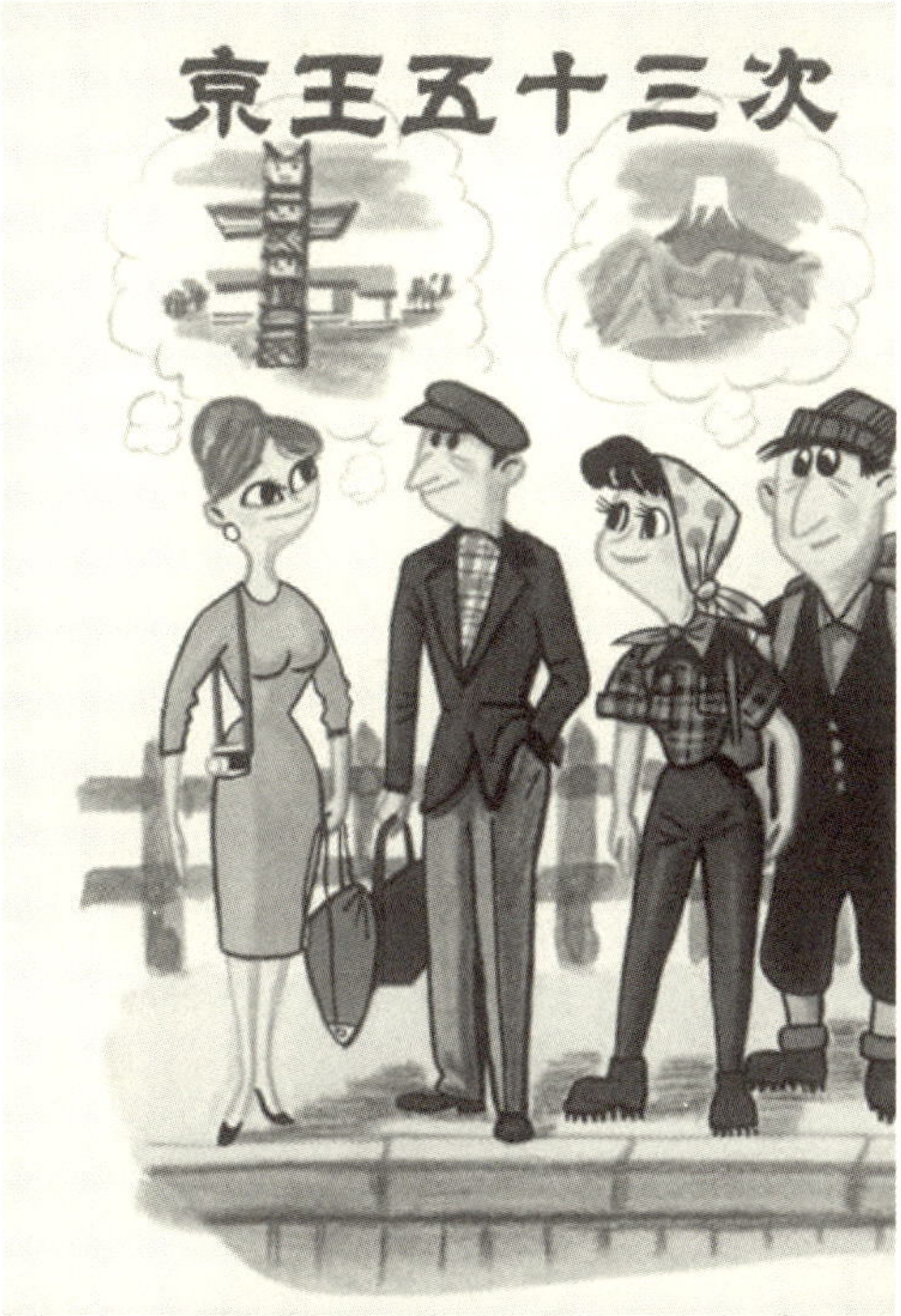

京王五十三次

昭和37年（1962年）９月１日発行
Ｂ６判140Ｐ　並製本　頒価1000円

新宿から東八王子までの京王線36駅の来歴を紹介し、駅周辺に広がる観光地の案内を載せたガイド本。カラー地図付き。監修は郷土史家の佐藤孝太郎先生。

八王子　明神町わが街

昭和55年（1980年）11月20日発行
四六判170Ｐ　並製本　頒価1000円

昭和28年以来、著者が住み続け、そして愛した明神町。その歴史と文化、観光スポットなどを網羅的に記載。大正14年と昭和55年の地図が付録されている。

八王子　中野町わが街

昭和58年（1983年）６月１日発行
四六判180Ｐ　並製本　頒価1000円

八王子の中野は著者が生まれ育った地。愛郷心を胸に中野の歴史を掘り下げ、目覚ましく発展を遂げる地域の息吹を浮き彫りにする。昭和58年の地図付き。

八王子　山田町わが街

昭和60年（1985年）３月10日発行
四六判156Ｐ　並製本　頒価1000円

京王高尾線の駅がある山田には、由緒ある広園寺が位置し、山田川がゆったりと流れる。著者がよく散歩した山田の自然が溢れる書。昭和60年の地図付き。

八王子
長沼町・北野町わが街

昭和62年（1987年）10月10日発行
四六判174Ｐ　並製本　頒価1000円

長沼と北野には、同名の京王線の駅がある。由井村と呼ばれた頃からの歴史や北野の天神さま、湯殿川の牧歌的風景などを切り取る。昭和62年の地図付き。

八王子のりもの百年史

平成元年（1989年）７月20日発行
四六判220Ｐ　並製本　頒価1500円

これぞ著者渾身の１冊というべき、八王子乗り物史研究の決定版。図版も豊富に、八王子に近代化をもたらした鉄道やバスの変遷が事細かに記されている。

八王子の街角で　2001
喜寿記念　清水正之自分史

平成13年（2001年）６月17日発行
Ｂ５判148Ｐ　並製本　頒価1500円

生い立ちと生き様を振り返る自分史。多くの人との出会いによって生かされてきた自分と家族を見つめ直す。絵画や短歌、四コマ漫画など多趣味な一面も。

大正・昭和初期
多摩を走ったバス

平成19年（2007年）12月１日発行
四六判146Ｐ　並製本　頒価1300円

『八王子のりもの百年史』では鉄道史がメインだったが、ここではバスに主眼を置いている。範囲を多摩地域に広げ、人々の足として活躍するバスに迫る。

※既刊本をお求めの際は、必ずＦＡＸにてご注文ください
ご注文用ＦＡＸ番号＝０４２－６４２－４５８６（清水宛）

あとがき

平成29年の今年は、八王子市制百周年。それを目前にした平成28年9月25日に、父・清水正之は亡くなりました。本書は、その父の遺志を継いで発行したものです。

日頃から、机に向かって書き物をしている父だったので、百年を記念した出版に向け準備していたとは、私たちは気づきませんでした。ところが、昨年9月上旬、持病の療養のため入院し肺炎を併発、あっという間に重篤な状態となり、出版への父の強い思いと、その原稿が完成間近であることを知ることとなりました。

病床では、酸素吸入のマスクを装着していたので、筆談での会話だったのですが、内容は本の出版と家族のことがほとんどでした。書くことにマメな父だけあって、紙には毎日、まずは日付と曜日を記してから、内容に移る。書きづらい状況であるにもかかわらず、しっかりした筆圧でしかも漢字で書く。さすが幾多の場面で取材してきた経験者だけある、と感心したりもしました。

亡くなる3日前には、本人たっての希望で、かねてより郷土史関連でお付き合いのあった清水工房（揺籃社）の山﨑領太郎さんに病床へお越しいただきました。山﨑さんが現れた時の父の反応、嬉しそうに目を輝かせていた表情を今でも忘れることができません。父は信頼する編集者に、切なる思いを直接会って託すことができ、心底、安心したのだと思います。

父亡き後、私たちは遺された出版のための資料や原稿をもとに、山﨑さんとともに本づくりを進めることになりました。郷土史研究の趣味と、京王電鉄で広報を担当していた父ならではの、のりものの歴史に関する内容です。既刊本の改訂版ではありますが、父が生まれ育った八王子の記念すべき百周年に向けた1冊です。

編集作業の際には、父が残した資料を手に取り、既刊本を改めて読み直す機会にもなり、父はさまざまな時を過ごし、そしてそこには必ず、いろいろな「出会い」があったのだと思いました。確かに、平成13年に発行した父の自分史『八王子の街角で』のあとがき冒頭に、「人生は出会いである」と父も書いていています。家族・学友・社友、そして地域の人々。その出会いが出発点となって人生を歩み続けるのだと、父はそのかけがえのない出会いひとつひとつに感謝し、92年の人生を歩んだのだと思います。

本書の出版においては、父の意図を理解しながら編集してくださった清水工房（揺籃社）の山﨑さんに厚くお礼を申し上げます。また、既刊本はじめ、父の本全般に関わってくださった多くの方々、さらに父の生前中、永年にわたりご支援賜りました数多くの方々に、改めて感謝申し上げます。

※改訂版のため、現在の事象と異なる場合がありますことをご了承いただければ幸いです。

平成29年7月

清水正之の娘（和子・陽子・節子）

著者プロフィール

清水正之（しみずまさゆき）

大正13年（1924年）　八王子市に生まれる
　旧制東京府立第二商業学校卒業
昭和20年（1945年）　東京急行電鉄に入社
昭和23年（1948年）　京王帝都電鉄となる
　主に総務・広報関係の業務に従事
昭和57年（1982年）　定年退職
平成28年（2016年）　９月25日逝去

著書　『京王五十三次』『明神町わが街』
　　　『中野町わが街』『山田町わが街』
　　　『長沼町・北野町わが街』
　　　『八王子のりもの百年史』
　　　『八王子の街角で（自分史）』
　　　『多摩を走ったバス』
編集　『京王帝都電鉄30年史』
　　　『多摩歴史散歩』
　　　『西東京バス30年史』
　　　『都立二商60年史』
　　　各町会や小学校の記念誌など

八王子《はちおうじ》の電車《でんしゃ》とバス ――八王子市制百周年記念《はちおうじしせいひゃくしゅうねんきねん》

平成29年（2017年）８月10日　初版
平成29年（2017年）10月10日　２刷

著者　清　水　正　之

発行　揺　　籃　　社
〒192-0056 東京都八王子市追分町10-4-101
TEL 042-620-2615　FAX 042-620-2616
http://www.simizukobo.com/
印刷・製本　㈱清水工房

ISBN978-4-89708-388-9 C0065　落丁・乱丁本はお取り替えします